PADRE VIEIRA

P149p   Paiva, José Maria de.
        Padre Vieira / José Maria de Paiva ;
coordenador da série Wanderley Loconte.
– São Paulo : Ícone, 2002.
      104 p. ; 17 cm – (Pensamento Americano)

      Inclui bibliografia.
      ISBN 85-274-0667-5

      1. Estudo Biográfico. 2. Padre Vieira.
I. Loconte, Wanderley. II. Título.

CDU 929

Catalogação elaborada por

Samile Andréa de Souza Vanz – CRB 10/1398

PADRE VIEIRA

Por **José Maria de Paiva**

Coordenador da série
Wanderley Loconte

© Copyright 2002.
Ícone Editora Ltda

Projeto editorial e edição de texto
Wanderley Loconte

Revisão e preparação de originais
Antônio Carlos Tosta
Marcus Macsoda Facciollo

Diagramação
Andréa Magalhães da Silva

Proibida a reprodução total ou parcial desta obra,
de qualquer forma ou meio eletrônico, mecânico,
inclusive através de processos xerográficos,
sem permissão expressa do editor
(Lei nº 9.610/98).

Todos os direitos reservados pela
ÍCONE EDITORA LTDA.

Rua das Palmeiras, 213 – Sta. Cecília
CEP 01226-010 – São Paulo – SP
Tel./Fax.: (11) 3666-3095
www.iconelivraria.com.br
e-mail: editora@editoraicone.com.br

ÍNDICE

Vida e obra 7

Época e pensamento 21

Temas 37
Os Sermões de Vieira 39
Vieira e Portugal 51
Vieira e o Quinto Império 53
Vieira e a Inquisição 60
Vieira e os judeus 67
Vieira e as missões 71
Vieira e os índios 75
Vieira e os negros escravos 79
Vieira e a corrupção no governo 83
Vieira e a história 89

Anexos 91
A Inquisição 93
A Companhia de Jesus 96
Os *Exercícios Espirituais* 100

Bibliografia 103

Vida e obra

"...tenho visto muito mundo e ouvido aos maiores
homens dele, estudado alguma coisa, e
sacrificado a vida à propagação da fé
e padecido muito por ela, e só tenho no coração
a glória de Deus, o serviço e honra
do meu príncipe, e a conservação
e aumento da sua monarquia,
sem nenhum outro interesse humano"

Padre Vieira, *Cartas*, II, 377.

Antônio Vieira nasceu aos 6 de fevereiro de 1608 na cidade de Lisboa, dos pais Cristóvão Vieira Ravasco e Maria de Azevedo. Não completara oito anos e embarcava com a família para o Brasil. Estudou as *boas letras* no colégio da Companhia de Jesus. "Aos 11 de março de 1623, ouvindo uma história do inferno em uma pregação de tarde ao padre Manuel do Couto, me deu Deus a primeira inspiração eficaz de entrar religioso" (*A vida do Padre Vieira,* pág. 6)

Os estudos, Vieira os fez no colégio dos jesuítas da Bahia. Com a mãe aprendera a ler e a escrever. No colégio estuda Gramática, Humanidades e Retórica, como dispunha o *Ratio studiorum*. Imbui-se da literatura clássica greco-romana, lendo-a como figurativa do modo cristão de ser. O saber bem é exigência elementar: domínio das palavras, domínio da frase, domínio do significado; memória e argumentação; instrumentalização desse saber com vistas a atingir o fim último. Isto exigia disciplina. Isto se fazia num contexto de espiritualidade em que a disciplina figurava como o caminho seguro para Deus. Por detrás do texto, o contexto.

Vieira se imbui, desde os estudos da adolescência, da visão de mundo não só teocêntrica, mas exigentemente teocêntrica, implicando adesão e esforço, porque a desordem, como o joio em meio ao trigo, estava instalada, ameaçando os homens com a condenação ao inferno. Havia mister de se entregar com radicalidade ao serviço de Deus, despindo-se dos próprios interesses e fazendo-se instrumento maleável nas mãos do superior, no campo de batalha pró-salvação das almas. O espírito do colégio se extravasava na sucessão das atividades, entre elas sobressaindo as de caráter religioso, na disciplina dos costumes, na metodologia de estudo, no modelo de comportamento entre colegas e estranhos, e, mais ainda, no exemplo vivo dos mestres jesuítas. Praticando a vida do colégio, o aluno assimilava o mundo que os exercícios propunham.

A vocação religiosa e sacerdotal, mais do que qualquer outra, correspondia a esta visão de mundo. Vieira a ela se abraçou, aos quinze anos. Professou os votos religiosos em 1625 e "aos 18 anos de idade passou a Pernambuco a ler a primeira cadeira de retórica no colégio da levantada Olinda" (ibidem, pág. 8). Moço, queria se dedicar, por inteiro – viver e morrer – à conversão dos gentios (índios). E aprendeu as duas línguas do Brasil e Angola.

Progredindo nos estudos, fez Filosofia e Teologia. A própria forma de exposição da Escolástica, por distinções e por negação das opiniões contrárias, era um exercício de disciplina, praticando nos estudos o que se propunha para a vida.

Na Teologia, o texto básico era a *Suma teológica*. Na Filosofia, estudou Lógica, Física, Cosmologia, Psicologia e Metafísica. Textos básicos eram os livros de Aristóteles. Em todo o estudo, o cuidado para não correr perigo com leituras que pudessem desfavorecer a interpretação cristã da verdade e da moral.

Nos estudos, por certo se destacou, o que demonstra a incumbência de redigir a carta-relatório dos anos de 1624 e 1625, em que se descreveu a guerra aos holandeses, na Bahia. Sua designação para Mestre em Teologia no Colégio da Bahia é outro indício desta afirmação. O código pedagógico dos jesuítas mandava, com razão, que se escolhessem, para professores "os mais eruditos, aplicados e assíduos, os mais zelosos pelo progresso dos alunos".

Estes dados permitem pensar o homem Antônio Vieira, de quem estaremos tratando neste livro. É importante destacar, desde o início, o traço mais forte de sua personalidade: Vieira teólogo. A formação básica o marcara. A vida toda, ele seria, em cada gesto, em cada missão, jesuíta e teólogo. Jesuíta, por viver a espiritualidade inaciana com autenticidade. Teólogo, por trabalhar as questões práticas da vida em sociedade teologicamente. Esta é a melhor chave de leitura da vida de Vieira.

Lecionou por pouco tempo, escolhido e mandado que foi a Portugal, no ano de 1641, para, em companhia do filho do vice-rei, saudar D. João IV, o Restaurador. Da comitiva fez parte, com ele, o Pe. Simão de Vasconcelos, conhecido autor da *Crônica da Companhia de Jesus do Estado do Brasil* (1683). Esta missão marcaria a vida de Vieira, envolvendo-o, por volta de uma década, diretamente com os interesses da Coroa.

Primeiro, brilhou como orador. O argumento teológico-político o elevou no conceito do rei. Ele o fez seu pregador. Ele o fez seu conselheiro próximo. Portugal declarara sua autonomia, separando-se da casa dos Áustrias. Isto não significava que tudo estava no lugar. A Restauração se fez com muita luta, agravada pela situação econômica em que Portugal se achava e pela política comercial da Europa. O reino estava endividado. Havia necessidade de reconhecimento por parte das potências. Vieira sugeriu, então, para enfrentar as dificuldades econômicas, a criação de duas companhias de comércio, uma para o Oriente, outra para o Ocidente, que garantissem as bases financeiras da Restauração. E logo saiu em missão diplomática junto à França, à Holanda, à Inglaterra, a Nápoles e à Itália pontifícia. Duas questões o envolviam: a consolidação da independência portuguesa, com a afirmação da nova dinastia, e o soerguimento econômico do Reino, através de financiamento externo.

Vieira opinava sobre finanças, sobre guerra, sobre governo, sobre relações exteriores. Por duas vezes confiara-lhe o rei a missão de providenciar o casamento do príncipe herdeiro. A primeira, em 1647, junto à corte francesa. Em 1650, junto à corte castelhana, através de Roma. Não teve sucesso. Recebeu mesmo, da parte do embaixador espanhol, ameaça de morte se permanecesse em Roma: na verdade Portugal estava tentando convencer Nápoles a se levantar contra Castela, de modo a desembaraçar-se Portugal das guerras de fronteira. Em 1647, ainda, Vieira fora à Holanda para tratar da paz, envolvendo a questão de Pernambuco. Uns e outros assuntos, sem maiores sucessos, traçaram o lugar de Vieira, elevando-o na estima e elevando-o na rejeição. Aos poucos, a atmosfera na Corte não lhe foi sendo mais favorável, a ponto de D. João IV se deixar convencer de sua liberação para a missão do Maranhão.

Resumindo, ele próprio, sua atividade diplomática, Vieira, aos 81 anos, lembra ao conde de Ericeira os seus feitos. Justificou sua sugestão de criação das duas compa-nhias de comércio que, "sem empenho algum da real fazenda, por meio da primeira se conservasse o comércio da Índia, e por meio da segunda o do Brasil" (*Cartas*, t. III, pág. 556-571). Indicou ao rei que se cultivassem no Brasil as drogas da Índia, de modo a debilitar o comércio holandês e aumentar o próprio. Sugeriu ainda que, para fazer face à Holanda, se construíssem quinze fragatas a serem pagas com um imposto mínimo sobre o açúcar. Isto foi postergado. Quando a circunstância exigiu solução rápida (1649), foi o próprio Vieira quem conseguiu o empréstimo do valor estipulado. Propôs a substituição das caravelas por *naus grandes e bem artilhadas*. Explica ele, nessa carta, a negociação de Pernambuco na busca de paz com a Holanda: "onde se deve advertir que nesta circunstância tão justa, e que se não podia negar, de tal modo dávamos Pernambuco aos holandeses, que juntamente lhe o ficávamos tirando".

As funções que exercia Vieira junto à Corte criaram indisposição em alguns setores. A defesa que fazia dos judeus, enquanto homens de dinheiro que poderiam reforçar a economia do reino, despertou a atenção da Inquisição. "Até com os amigos teve encontros (choques); porque, ou os ciúmes de mais atendido do príncipe, ou o ser homem tão grande, e cuja inteligência se remontava, pôde talvez acender zelos, e excitar oposições, em quem, quanto ao público, tinha o caráter de primeiro" (*A vida do Padre Antônio Vieira*, pág. 19). E entre esses amigos se achavam os próprios confrades jesuítas. Também eles começaram a questionar seu procedimento. "Vestido (por necessidade de negócio e do país) em trajes de secular luzidamente" (ibidem, pág. 21) como o relata André de Barros; "fato de grã escarlate, espada e bigode" (*História da Companhia de Jesus no Brasil*, t. IV, pág. 14), nas palavras de Serafim Leite; o religioso Vieira desafiava o entendimento do espírito da Companhia. Padres do Alentejo queriam ter sua própria província, separando-se da província de Portugal e ganharam Vieira para sua causa. Através dele, o rei. Isto criou mal-estar na administração superior. Com isto, "iam para Roma informações sobre o procedimento pessoal de Vieira, as suas faltas de observância, e implicância em negócios seculares" (ibidem, pág. 16), insinuação de que pretendia, com o rei, introduzir novidades na Companhia. Disto resultou a disposição de o despedirem da Companhia, baixando resolução, neste sentido, o Padre Geral. O rei não o permitiu. Era o ano de 1649.

No auge da crise relativa à sua permanência na Companhia (1649), o Provincial assim escreve: "Dizem-me que o Padre Vieira está muito arrependido de se meter nestas coisas da divisão e que está com grandes propósitos de se retirar de negócios; ele está mui acreditado nesta terra em matéria de púlpito. Sua Majestade lhe é muito afeiçoado" (ibidem, pág. 19). E na pena do assistente de Portugal em Roma: "Sua Majestade cuida que ele é o primeiro homem do mundo" (ibidem, pág. 19).

Aqui se registraria, segundo Serafim Leite, o dito de Vieira que André de Barros refere a outra circunstância: "Que não tinha Sua Majestade tantas mitras em toda a sua monarquia, pelas quais ele houvesse de trocar a pobre roupeta da Companhia de Jesus; e que se chegasse a ser tão grande a sua desgraça, que a Companhia o despedisse, da parte de fora de suas portas se não apartaria jamais, perseverando em pedir ser outra vez admitido nela, senão para religioso, ao menos para servo dos que o eram" (*A vida do Padre Antônio Vieira*, pág. 15). O testemunho do mesmo assistente de Portugal em Roma, que não lhe era simpático, o atesta: "Dizem mais que Sua Majestade lhe ofereceu por vezes que saísse da Companhia e lhe faria tantos e quantos ... porém que o Padre não quer mais que viver e morrer na Companhia" (*História da Companhia de Jesus no Brasil*, t. IV, pág. 19).

Entender as atividades diversas de Vieira pressupõe compreender-lhe a alma. O serviço de Deus, sem dúvida, era seu objetivo maior. E era como jesuíta que ele entendia praticar esse serviço. Mas o serviço de Deus se realizava plenamente no serviço do rei, como era seu entendimento e era entendimento difuso na sociedade de seu tempo. E quando viu a hora de deixá-lo, buscando para tanto o beneplácito real, entregou-se com a mesma paixão ao chamado missionário junto aos índios do Maranhão.

O Padre André de Barros, também da Companhia, primeiro biógrafo de Vieira, relata o empenho que este fez para deixar a Corte e ir servir como missionário nas terras do Maranhão. Foi em dezembro de 1652. Sua situação na Corte e na Companhia deve ter sido razão para aceitar esta missão. Realização de um desejo por anos reprimido ou conveniência? O fato é que Vieira assume apaixonadamente o novo chamado. Por mais de ano e meio, sempre sem a anuência do rei, espera o momento de tomar os novos rumos. O rei se deixa vencer por tanta persistência e libera o missionário. "Tendo consideração ao que tantas vezes me representastes sobre a resolução, com que estais de passar ao estado do Maranhão, para prosseguir nele o caminho da salvação das almas, e fazer se conheça mais nossa santa fé, me pareceu não estorvar tão santo e pio intento: e sem embargo do que antes tinha ordenado acerca da vossa viagem, mandando-vos tirar do navio em que estáveis, conceder-vos licença para o fazerdes pelo fruto que dela devo esperar ao serviço de Deus e meu" (*A vida do Padre Antônio Vieira*, pág. 38).

Vieira se regozija. Em carta, de janeiro de 1653, a D. Teodósio, ele o confessa: "Enfim, Senhor, Deus quis que, com vontade ou sem ela, eu viesse ao Maranhão, onde já estou reconhecendo cada hora maiores efeitos desta providência, e experimentando nela claríssimos indícios da minha predestinação e da de muitas almas... Eu agora começo a ser religioso, e espero na bondade divina que, conforme os particularíssimos auxílios com que me vejo assistido da sua poderosa e liberal mão, acertarei a o ser, e verdadeiro padre da Companhia, que no conceito de V.A. ainda é mais..." (*Cartas*, t. I, pág. 301)

A viagem atormentada prefigurava as tormentas da terra. Viera ele com o projeto de cristianizar os índios, o que pressupunha, para os jesuítas, sua liberdade e o aldeamento sob o governo dos padres. Os interesses dos colonos, porém, se lhe opunham. Há diversos períodos de tensão entre missionários e colonos até 1661, quando Vieira é preso e remetido para Lisboa. "Ficam os Padres da Companhia de Jesus do Maranhão, missionários de Vossa Majestade, expulsados das Aldeias dos Índios, e lançados fora do Colégio e presos em uma casa secular, com outras afrontas e violências indignas de que as cometessem católicos e vassalos de Vossa Majestade... e (porque) não há outros que defendam as ditas leis e a liberdade e justiça dos Índios senão os Religiosos da Companhia, resolveram finalmente de tirar este impedimento por tão indignos caminhos" (ibidem, pág. 583)

Remetido a Lisboa, defende a causa, mas perde o grande argumento: destituíram a rainha da regência e afastaram os que lhe eram chegados. Seus inimigos políticos aproveitam da ocasião para derrubá-lo definitivamente. Mais do que as acusações levantadas, eram os interesses políticos que atuavam. Assim, Vieira é desterrado para o Porto e se levantam contra ele os poderes da Inquisição. Era o ano de 1663. André de Barros escreve: "Papéis que escrevera; proposições que dissera; textos da Sagrada Escritura que interpretara; diverso estado da Igreja em tempos futuros que prometia; livros que tinha escrito ou tivera pensamentos de escrever, foi a matéria amplíssima, de que lhe formaram crime afetos diferentes" (*A Vida do Padre Antônio Vieira*, pág. 217).

Duas grandes acusações se lhe fazem: a primeira, de seu pendor judaico; a segunda, de sua doutrina profética. A primeira, pelo favorecimento e boas relações com os judeus, desde o início de sua presença na Corte. A segunda, baseado nas profecias de Bandarra, sapateiro de Troncoso, do século XVI, anunciando a ressurreição de D. João IV para cumprir o que não havia realizado de sua missão. Por uma e por outra, entremeadas de filigranas escolásticas em defesa da pureza da fé, foi Vieira condenado, para sempre, ao "silêncio obsequioso" e à reclusão numa casa da Companhia: "Que ele tenha muito segredo em tudo o que viu, sabe, e passou na casa da Custódia desta Inquisição, e presos com que esteve, nem o que com eles passou; e por nenhum modo dirá a pessoa alguma o que com ele se teve nesta Mesa acerca de sua causa, nem tratará mais das proposições de que nela foi arguído, nem de palavras, nem por escrito; e lhe assinaram por reclusão a casa e residência de sua Religião do lugar de Pedroso Bispado do Porto, donde não sairá, sem expressa licença desta Mesa sob pena de ser gravissimamente castigado" (*Os autos do processo de Vieira na Inquisição*, pág. 371).

Em junho do ano seguinte, com os favores de D. Pedro, que assumira a regência, a Inquisição de Lisboa suspende todas as penas, salvo a de não mais tratar das proposições contidas em sua sentença. Um ano mais tarde, Vieira vai para Roma.

A razão publicamente alegada era cuidar da causa da beatificação dos "Mártires do Brasil". Os jesuítas chamavam assim os quarenta companheiros seus que vieram ser missionários no Brasil e "caíram nas mãos do calvinista e cruel inimigo Jaques Soria, que em ódio da fé católica romana os matou a todos e arrojou ao oceano" (*A vida do Padre Antônio Vieira*, p. 230). Sua missão em Roma seria acompanhar de perto, junto à Cúria Romana, o processo que objetivava fazer deles santos da Igreja.

A par disto, Vieira buscava alcançar do Papa uma proteção contra a Inquisição. Suas relações diplomáticas, sua fama como orador, que conquistou junto à corte pontifícia e junto à rainha Cristina da Suécia, sua amizade com o geral da Companhia, tudo o ajudou no seu intento. Depois de sete anos, transcorridos em meio a contínuas doenças, volta a Portugal, munido, de um lado, de um breve pontifício que retira à Inquisição toda e qualquer jurisdição sobre ele, e, de outro lado, nomeado pelo geral consultor da Província de Portugal.

Permanece Vieira em Portugal seis anos, de 1675 a 1681. Seu mundo continua sendo o da grande política, de que se vale para dar encaminhamento à questão da liberdade dos índios no Estado do Maranhão. As cartas que escreve dão conta do acompanhamento que fazia dos grandes negócios do Estado português e dos projetos da Companhia. Sentia Vieira que seu papel junto à Corte estava se esgotando. Decide voltar para a sua Província do Brasil. Em carta ao Padre Geral, assim escreve: "Nela espero em a divina bondade me sucederá o mesmo que a outros velhos, que pela mesma causa se passaram àquele clima; e, de qualquer modo que sua providência o disponha, sempre acabarei a vida com a consolação de ser mais religiosamente do que nesta Província, a qual por ser tratado como hóspede me falta em grande parte o exercício da obediência, como também o da pobreza, por me sustentar a despesas próprias" (*Cartas*, t. III, pág. 442).

O septuagenário Vieira embarca, pela última vez, com destino à Bahia, mantendo-se sempre em correspondência com os grandes de Portugal, dando seus pareceres sobre a política interna e externa. Da Bahia acompanhará o desdobramento da lei de liberdade aos índios do Maranhão, que causou muito trabalho aos padres da Companhia. Em 1688, aos oitenta anos, recebe a nomeação de Visitador da Província do Brasil, o cargo mais alto e, também, o mais trabalhoso, que exerce por três anos. Retira-se, então, Vieira, cada vez mais, para a intimidade da vida, ainda que mantendo os contatos, palpitando sobre os rumos do Estado, do que serve de ilustre exemplo a carta que, uma semana antes de morrer, escreveu a Sebastião de Matos e Sousa sobre o comércio exterior. Dedica-se, sobretudo, ao trabalho de dar a forma final aos seus Sermões e ao da redação do *Clavis prophetarum*, que deixa inacabado.

O Padre Antônio Vieira morre na Bahia, no colégio que o recebera moço, no dia 18 de julho de 1697, chegando aos noventa anos.

Vieira é conhecido pelos seus *Sermões*, editados em vinte e quatro volumes pela Editora das Américas. João Lúcio de Azevedo publicou-lhe as *Cartas*, em três volumes (Coimbra: Universidade, 1925-28). Adma Fadul Muhana publicou a *Apologia das coisas profetizadas* (Lisboa: Cotovia, 1994). Hernâni Cidade, a *Defesa perante o Tribunal do Santo Ofício*, em dois tomos (Bahia: Universidade, 1957). Cláudio Giordano, os *Escritos instrumentais sobre os índios* (São Paulo: EDIC/Loyola, 1992). *A história do futuro* foi publicada, entre nós, em São Paulo, por Edições e Publicações Brasil, em 1937. Adma Fadul Muhana editou ainda *Os autos do processo de Vieira na Inquisição* (São Paulo:Unesp/Salvador: Fundação Cultural do Estado da Bahia, 1995).

Época e pensamento

"...o sucesso está suspendendo os olhos e as atenções de todo o mundo. Roma, Holanda, Castela, França, todos estão à mira, com a mesma atenção, posto que com intentos diversos.
Roma se há de receber, Holanda se há de quebrar, Castela se há de desistir, e até França, em cujo amor e firmeza não pode haver dúvida, está suspensa com os sobressaltos de amiga e interessada... A dieta da Alemanha não é a que menos observa este sucesso, para fundar os respeitos de suas resoluções, que por mais que o nosso direito seja tão evidente, e a nossa causa tão justa, os reinos não os pesa a justiça na balança, mede-os na espada."

Padre Vieira, *Sermões*, XVI: 365, sobre a Restauração de Portugal.

Português seiscentista e jesuíta, estas duas condições oferecem as pistas para melhor conhecermos o Padre Antônio Vieira.

Português seiscentista, Vieira respirava a crença na sociedade sagrada, sendo Deus o centro e a razão de tudo que ao homem se referisse. Sua visão de Estado vai haurir daí sua sustentação. Jesuíta, Vieira assimila a missão de reforma da cristandade, na direção de uma espiritualidade militante, fundada no rigor da forma e no esvaziamento de si mesmo nas mãos de Deus ou de quem o representasse. Estes traços indicam o eixo ao redor do qual Vieira age no cotidiano.

A sociedade portuguesa, edificada ao redor do rei, se compunha de três estados: "defensores são um dos três estados que Deus quis por que se mantivesse o mundo; cá bem assim como os que rogam pelo povo chamam oradores; e aos que lavram a terra per que os homens hão de viver e se mantêm, são ditos mantenedores" (*Ordenações Afonsinas*). Sua organização fora se fazendo, lentamente, como conseqüência da realização dos interesses reais. De longa data, praticava-se o comércio. Desde o início, produtos da terra, sendo considerado o rei o principal lavrador. Com a dinastia de Avis (1385), tem-se o comércio marítimo, a vinculação à burguesia cosmopolita, a fundação de entrepostos e feitorias, os navios singrando os mares, buscando riquezas. O Estado se burocratizava em função do comércio. Uma larga rede de interesses ao redor do rei, fortalecendo o sistema econômico e político vigente, formou o estamento mercantil, voltado exclusivamente para seu próprio desenvolvimento, ditando suas próprias regras, conformando a sociedade aos seus objetivos, restringindo a economia livre, definindo as possibilidades de sobrevivência das massas, impondo o monopólio.

A Coroa, perseguindo o lucro, se endividava junto aos banqueiros internacionais para manter a grande atividade comercial. As descobertas e conquistas se encaixavam, instrumentalmente, neste modelo de desenvolvimento. Disto decorria uma forte centralização em todos os campos.

A religião católica se implantara desde muito tempo. A sociedade se constituíra sagrada. Tudo estava impregnado do divino e do religioso. Reis, nobres, clero e povo, todos tinham as mesmas certezas, as mesmas crenças, a mesma fé, o mesmo Deus; norteavam-se pelos mesmos princípios morais, praticavam os mesmos ritos e cultos, a mesma disciplina e as mesmas penitências: nasciam e morriam na Igreja. Neste contexto, o lugar social do clero tinha que estar em evidência.

Quando Vieira nasce, é esse Portugal mercantil e cristão que encontra. A Corte, o comércio, a política, a divisão social, a burocracia, a vida social, tudo, enfim, marcado com o caráter inato do sagrado. O racionalismo não chegara ainda, separando Igreja de Estado. A Igreja era parte natural do Estado, melhor ainda: era parte natural da sociedade. A sociedade e o Estado só eram compreendidos a partir das premissas teológicas.

Portugal tinha, então, uma experiência efetiva de globalização, extrapolando os termos político-econômicos: uma sociedade acostumada aos contatos interculturais, primeiramente em termos europeus e, em segundo lugar, em termos intercontinentais, com o Brasil, a África, a Ásia.

Quando Vieira nasce, esse Portugal estava sob o governo de Castela, um reino espanhol. Problemas de ordem dinástica ensejaram a transferência do poder supremo para Madri, resultando na União das Coroas Ibéricas (1580).

Em princípio, Portugal conservaria toda sua organização política, judiciária, administrativa. Em política externa e comércio exterior, estaria subordinado à Coroa espanhola.

Por vinte anos manteve-se bem esta relação. Razões de defesa e razões de balança comercial, sobretudo, deram ocasião à cobrança de contínuos e elevados impostos, e criaram, assim, um clima de oposição, suscitando a esperança de autonomia. Foi neste contexto que se revigorou a crença na volta do *encoberto* D. Sebastião. A volta e a possibilidade de um grande império geraram, certamente com influência judaica, a crença num pronto Quinto Império, universal e cristão. Vieira defenderia com paixão esta crença.

O SEBASTIANISMO

Dom Sebastião reinou em Portugal, efetivamente, entre 1568 e 1578. Morreu aos 24 anos, numa aventura em Marrocos, com a fantasia de conquistar terras muçulmanas e expandir a fé católica. Seu exército foi dizimado pelos adversários, quase ninguém escapando. O rei morreu e, com ele, a nata da aristocracia portuguesa. A derrota fragorosa, a falta de notícia, a falta de herdeiro, a solução espanhola – o rei de Castela assumindo a Coroa portuguesa – propiciaram o surgimento da crença de que D. Sebastião não morrera e voltaria para retomar o trono usurpado.

Esta crença era alimentada pelas profecias de Bandarra, que vivera nos tempos de D. João III, e pelas esperanças judaicas no Messias que estava por vir, para a realização do Quinto Império bíblico. Com o endurecimento do governo espanhol, a crença se abriu para um rei libertador e, com a Restauração, se viu cumprida em D. João IV.

A França, interessada em enfraquecer a Espanha, prometeu ajuda financeira. A nobreza começou a conspirar. Aconteceram motins populares. Implantou-se o clima revolucionário. Os nobres convenceram a D. João, conde de Bragança, o melhor aparelhado para o cargo, a proclamar a autonomia, inaugurando-se a Casa de Bragança (1640). Restaurara-se Portugal, ainda que o reconhecimento internacional devesse levar vinte e oito longos anos.

A Restauração do Reino seria o grande objetivo de Vieira. Como compreendia ele a organização social?

Restauração: discordando da política tributária espanhola, a nobreza lusitana colocou a dinastia de Bragança no trono de Portugal. (Obra de Veloso Salgado.)

Em seu tempo, cabia ao rei estar à frente da sociedade. Até bem pouco tempo, os letrados defendiam a origem divina do poder real. Agora, por interesse, para justificar a luta contra o domínio espanhol, afirmam proceder da vontade do povo. Mudava-se a concepção de realeza.

Ao redor do rei, a nobreza, de tradição rural. Parte dela se tornava mercadora, parte burocrata. O clero se achava ligado ao estamento dominante, por ser representante da religião, fundamento do reino. E, depois, o povo, com seus pequenos ofícios nas cidades ou lavrando a terra e produzindo azeite, vinho, trigo.

Havia uma ordem estabelecida. O que sustentava esta ordem hierarquizada era a constituição divina: Deus assim a fizera, Deus assim a queria. Deus mesmo disso dava exemplo: a própria ordem celeste assim se distribuía! Esta era a convicção da sociedade portuguesa.

O princípio de tudo era este: o homem não é um ser natural, produto da natureza, mas sobrenatural, participante da divindade. Sua destinação intrínseca é Deus e, por isto, tudo quanto faça tem o sentido da realização do reino e da glória de Deus. A ordem está estabelecida: não há como não ser assim. Deus habita o cotidiano da sociedade humana e lhe dá a possibilidade e a forma de ser. A encarnação do Filho visibiliza a "encarnação" de Deus na sociedade humana. Não há como pensar a sociedade humana sem referência a Ele.

Sendo o homem de ordem sobrenatural, tudo o que ele faz, tudo o que ele cria, também é de ordem sobrenatural. As instituições, os valores, os comportamentos, tudo revela o caráter sagrado e, mais que sagrado, cristão e católico. Talvez pela sua relevância na organização social, o melhor exemplo dessa sacralização, dessa sobrenaturalização, seja o Estado. O que importa é observar que a ordem natural é meramente uma hipótese: tudo já se fez na órbita do divino.

O homem individual pode se recusar e negar sua referência total a Deus, mas, com isto, peca e põe em perigo a própria estrutura da sociedade a que pertence. Por isto, o "braço secular" não só pode como tem que ser acionado. E porque o homem pode, individualmente, negar sua mais profunda essência, é preciso que a hierarquia, toda ela incumbida da salvação de todos, efetive a todo instante a destinação sagrada da sociedade. E ela o faz de diversas formas.

Primeiramente, pela própria disposição das partes sociais, o rei no topo. Ele se reveste de todo o poder: transpira o querer divino, iluminando o caminhar do seu povo. Este, por sua vez, só se tem como povo porque comungando, sob as espécies de seus lugares sociais, a união com Deus pelo rei. A sociedade portuguesa é um só corpo, por onde transita, como substância vivificante, a transparência divina na pessoa real. A ele se deve, portanto, toda obediência e serviço. O direito divino, dado ao rei, não se põe, pois, como uma delegação para operar sobre um terceiro. O direito divino do rei repousa na natureza mesma da ordem criada; pressupõe uma comunidade também divinizada, porquanto significada pela presença e participação de e em Deus. Santo Tomás, o teólogo eminente, afirmava que a monarquia era o melhor modelo de governo dos povos. O modelo celeste o confirmava.

Como conseqüência do lugar que o rei ocupa na sociedade tem-se a união de todos ao seu redor. Se ele é a voz de Deus e, mais que voz, o eixo mesmo da ordem estabelecida por Deus, portanto a única ordem possível, não estar com o rei, não cumprir-lhe a vontade, é forçar a ruptura do que não pode ser desligado. Fundamento de toda esta ordem, Deus não permanece do lado de fora, mas, presente e dando sentido a cada ser individualmente, realiza a unidade transcendente, de forma que todos são um, ainda que cada um permaneça tal. O rei, à semelhança de Deus na corte celeste, mais do que referência para a unidade – de modo que todos, voltando-se para o rei, voltam-se para o bem comum, pois esta é a vontade real – é a própria presença unificante. Ora, se todos são um, todos têm que querer uma só coisa, que é o bem a todos comum, isto é, um bem que seja realmente bem, para este um agora posto. E, como este um é encabeçado pelo rei, o rei é quem diz o que se deve fazer, "pois uma das obrigações mais próprias de Rei, é dar leis a seus vassalos, como o mesmo Senhor fez aos do (Reino) espiritual" (*Os autos do processo de Vieira na Inquisição*, pág. 151). A vontade do rei torna-se lei, porquanto é lei tudo o que a ordem da natureza pede, mais ainda quando a natureza se fez sobrenatureza.

O sentir com o rei é postulado da estabilidade social e, daí, do bom andamento das coisas que lhe tocam. Por primeiro, devem-lhe afeição, no sentido radical da palavra, os que mais chegados são à Corte, para exemplo dos demais. Ainda que, em princípio todos estejam "reduzidos" ao rei pela constituição divina, dos nobres se exige maior evidência porque em lugar mais evidente se põem.

Em princípio, a sociedade é harmoniosa. Todas as decisões reais deveriam ser instrumentos de aproximação de Deus. Para Vieira, dificilmente as ordens reais poderiam ser questionadas, tal a fundamentação teológica que as sustentava e tal a formação recebida na Companhia. Podem, contudo, os súditos desobedecer. E o exemplo mais perverso é o daquele que se encontra mais junto à Corte. A explicação teológica da sociedade e do Estado não lhes retira, com efeito, o livre arbítrio. Liberdade e história são as condições inalienáveis, porque constituintes do viver social. Tem-se, pois, a exigência de uma constante vontade e correspondente ação para, em tudo, realizar o reino de Deus.

A história é essa história que está aí. Nada do que seja humano lhe é estranho. A história dos homens, a história de Portugal, envolve governo, economia, diplomacia, religião. Ela se dá entre rei, nobres, comerciantes, padres, oficiais de serviço, militares, escravos. Padece de defeitos, diversidade de opiniões, doenças, pobreza. Se faz por terra e por mar, na metrópole ou na colônia. O reino de Deus se faz nessa concretude histórica, tal qual a conhecemos. Seu lugar não é nos tratados de teologia. Nele encontramos as dissonâncias, os interesses individualistas, as desobediências, a corrupção, os desafetos, o pecado. A graça não se faz operante por si só: os homens é que lhe devem abrir as portas.

Por isto, o papel destacado da Igreja. A ela cabe o cuidado da lembrança: "fazei isto em memória de mim!" O pregador alerta. O confessor retifica o caminho. O sacerdote celebra a grande realidade. Paira acima de tudo a fidelidade. Por mais que também a Igreja, desgastando seu próprio corpo, ache-se envolvida nas tramas da corrupção, entendida em seu sentido etimológico, – porque também ela é histórica – ele tem como o instrumento mais adequado da salvação, assim posto e querido por Deus. Daí sua obediência e reverência, nos moldes da Companhia, a todo poder eclesiástico.

A Igreja se acha estreitamente ligada ao Trono, por razões políticas e por razões teológicas. Como estarem separados, se unidos no próprio Deus? O fato de Deus ter querido deificar a criatura humana, fazendo-se presença junto à humanidade, deifica todas as instâncias sociais, reunindo-as umbilicalmente à Igreja fundada por Cristo, a quem conferiu o principado: "tu és Pedro e sobre esta pedra edificarei a minha Igreja... Eu te darei as chaves do Reino dos Céus e tudo que ligares na terra será ligado no céu e tudo que desligares na terra será desligado no céu" (Mt 16, 18-19). O próprio governo dos homens, posto nas mãos do rei, é necessariamente extensão do que foi conferido a Pedro, não no sentido de derivação como já fora entendido, mas no sentido da fonte comum e da comum missão. O serviço de Deus se identificava com o serviço do rei e o serviço do rei se identificava com o serviço de Deus. A colaboração era decorrência necessária. Por isto, cabia ao rei evangelizar os povos: doutrinar e dar exemplo e, portanto, providenciar os meios para tanto.

Por isto, cabia à Igreja ritualizar em liturgia todos os atos de origem real. Era inconcebível, com efeito, pensar uma comunhão do povo que não fosse constituída pela sacralidade real, como era inconcebível pensar um reinado que não fosse constituído pelo mesmo impulso com que o fora a Igreja.

O Estado, contudo, nem sempre realiza, propõe e facilita o caminho para atingir os fins últimos. Basta como exemplo a injusta escravização dos índios praticada pelos colonos e acobertada por leis ineficazes. O fato de o Estado se achar, por natureza, voltado para a realização do único sentido da vida, pessoal e social, nem por isto ele o realiza *ipso facto*: há que se atualizar a vontade de corresponder, nos gestos, ao papel estabelecido por Deus.

Os reis sabiam disto e o expressavam. Dom João IV, por exemplo, assim se expressou, ao autorizar a viagem de Vieira às terras do Maranhão: "me pareceu... conceder-vos licença para o fazerdes pelo fruto que dela devo esperar ao serviço de Deus e meu." E para tanto o supriu das coisas necessárias, econômicas e legais.

A intenção de busca do caminho correto não era tarefa apenas dos indivíduos, mas também das instituições e, sobretudo, do Estado. Na sociedade cristã a atualização da presença de Deus era postulado fundador. Ao Estado cabia, portanto, favorecer os caminhos dessa atualização.

Não se tratava de instrumentalizar o poder político com o discurso religioso, sempre mais suave que o poder militar, para conquistar os novos povos, para fazer prevalecer no reino a vontade do rei. Esta visão de instrumentalização é nossa. Podemos criticá-la à distância, para entender os mecanismos que operaram no processo cultural. Mas não podemos atribuir aos homens do século XVII essa intenção. Viver socialmente era, para eles, expressar-se religiosamente.

Neste contexto de sobrenatureza, a pessoa do rei é sempre preservada, pela função sintética e simbólica que desempenha. Vieira, como qualquer outro teólogo, nunca atribui ao rei os defeitos: estes se atribuem sempre aos súditos, na má compreensão e execução das ordens soberanas.

Se, por um lado, razões teológicas fundamentaram o *status* do reino – e isto se realizou em toda a Europa medieval – por outro lado razões de ordem política dirigiram a prática dos diversos Estados. Não cabe, aqui, discutir como a Igreja se fez potência nem avaliar o fato com os olhares de nossa experiência: cabe constatar o fato e compreendê-lo no seu tempo. A referência ao Papa era uma necessidade política: basta lembrar o Tratado de Tordesilhas, que repartiu o novo mundo entre Portugal e Espanha. Mas é preciso saber que, nestas circunstâncias, o clero, sobretudo o alto clero, desempenhou um papel político importante, porque representava a ordem dominante na grande Europa. A religião era, então, a forma de expressão social. Todos, do rei ao mais pobre dos súditos, agiam socialmente impregnados da visão cristã-religiosa. Nestes termos, os bispos, por serem autoridade religiosa, tinham poder político e, como tais, interferiam no Estado.

À época de Vieira, a Europa já não era mais medieval, e por medieval entendo uma sociedade composta de pequenas sociedades de caráter feudal, de relações políticas circunscritas, baseada na exploração da terra. O grande comércio vinha criando, pelo menos desde o século XI, uma nova classe social, a dos comerciantes. Encontramos na Europa, desde o século XV com toda certeza, grandes riquezas. Era o nascimento da burguesia. A burguesia tornava-se força social, influenciando os rumos da sociedade, preparando-a para uma organização racional e independente.

Açúcar: promoveu a ocupação do Brasil, o enriquecimento de burguesias européias e a escravização do negro africano. (Obra de Theodor de Bry.)

Era a fase do mercantilismo. O comércio se tornou sinônimo de política do Estado, aparelhando-se ele todo para ter sucesso. Para as nações e para os indivíduos, tornou-se sinônimo também de enriquecimento e concentração de riqueza. O mercantilismo mudou a face da Europa, reorganizando-a politicamente e levando-a à prática da colonização em outras terras, para obter o produto a ser vendido. Era o nascimento da burguesia.

Portugal, por primeiro, se desenvolveu como Estado nacional, o próprio rei se fazendo o grande negociante. As relações, internas e externas, pautavam-se pela realização de grandes empreendimentos comerciais. Assim se procedeu com as viagens de descobrimento. Assim se procedeu com a colonização das descobertas. Armou-se, em toda a Europa, uma nova política, agora centrada no comércio internacional.

Nos séculos XVI e XVII os Estados trazem dos tempos passados a forma religiosa de relacionamento social. Isto explica a sobrevivência política do papado em nível internacional e o poder da Igreja em nível local. Mas, ao mesmo tempo, assume a feição burocrática de uma grande empresa, levando a uma redistribuição do poder e inovando formas de relações sociais.

O SÉCULO DE VIEIRA

O século XVII, que Vieira atravessou quase por inteiro, se viu marcado por pestes, fome, mortandade, guerras. A Guerra dos Trinta Anos não significou para o Portugal cristão tanto como as invasões turcas, porque estas ameaçavam, de modo novo, o cristianismo. A "heresia" protestante já estava disseminada, os limites demarcados. A Igreja lutava para não perder espaço. As questões temporais eram ainda campo de sua atuação. O espírito científico, caracterizado pelo método experimental, divisava, para o homem, a possibilidade de um domínio autônomo do mundo, independentemente da ordem religiosa e eclesiástica. O poder político se consolidava em formas novas, que atendessem às necessidades do grande comércio e da transformação da sociedade, agora urbana. Gestava-se em toda a Europa o Estado Nacional.

A formação dos Estados Nacionais, com efeito, tinha como pressuposto a mudança, que se operava, da organização social, com novos atores como a burguesia financeira e comercial, a burocracia especializada, os ofícios menores, o povo que se agregava às cidades. Diante das expectativas de maior espaço de participação política, os reis se fizeram absolutistas, evitando a fragmentação do poder entre os nobres e a ascensão da nova burguesia. Neste contexto de desorganização/reorganização social, surgem, pela primeira vez na Europa, as massas populares, aspirando a melhor *status*. O absolutismo, visando a satisfazer as tensões e a conter as mudanças, começou a trabalhar as massas em novo estilo.

Criou-se assim o Barroco, com tendências libertárias na forma e conservadoras no conteúdo. O Barroco era uma cultura urbana reagindo às mudanças sociais e políticas, visando à manutenção do

> quadro estamental tradicional. O teatral, mais do que o teatro, o assombroso, o ostentatório, levavam ao sentimento de admiração e, ao mesmo tempo, de impotência, predispondo à submissão. O controle, com efeito, foi sua característica política.
>
> Portugal viveu os primeiros quarenta anos desse século ainda sob o domínio da Espanha. Em 1640, ergueu-se nova Casa, a dos Braganças, que, devagar, foi reorganizando o Estado, redirecionando a economia, reaparelhando a defesa, restaurando o poder na Colônia (Brasil), consolidando o Estado Nacional.

São estas circunstâncias que levarão os Estados europeus – França e Inglaterra em primeiro lugar – à laicização da política. A objetividade, exigência desta nova ordem, já fizera com que Portugal antecipadamente se posicionasse inovadoramente no terreno da política internacional, conquistando seu espaço na Europa e expandindo-se pelo mundo. O século XVII já assinalava o declínio da grandeza portuguesa.

Este é o momento de Vieira. Nascido nestas circunstâncias, formado numa cultura sagrada em diálogo com a objetividade do comércio, religioso jesuíta em busca da afirmação de uma espiritualidade autêntica, Antônio Vieira se dedica apaixonadamente às mais diversas atividades que se lhe apresentam. Ele compreende que todas são pertinentes e adequadas. Nenhuma é mais perfeita do que a outra, pois todas realizam o reino de Deus, que é, para ele, o fim de toda sociedade, também da sociedade portuguesa.

Por mais que se queira buscar nas atividades diplomáticas, a que se consagrou por quase dez anos e por que se interessou a vida toda, uma prova de espírito mundano, distraindo-o da profundidade espiritual tão própria da Companhia e da visão teológica que a ela e a ele sustentava, há que se concluir por sua fidelidade e por sua coerência. Tudo era ocupação que objetivava a realização do reino de Deus, mais ainda as funções nobres, por estarem mais perto do rei. Vieira, com efeito, assim as vê. E mesmo que seus sentimentos tenham sido, alguma vez, tocados pela vaidade da projeção social, ainda assim mais lhe valia a roupeta da Companhia. Com isto, assinalava a compreensão teológica que assumira como chave de leitura da realidade e orientação de vida.

Nestes termos, é preciso acompanhar Vieira nos trabalhos missionários no Maranhão e no Pará e observar a forma apaixonada como a eles se dedica. Mudara-se o projeto, mas não se mudou a orientação. Aquilo que fosse determinado pelos superiores e pelo rei, essa seria sua missão. Poderia estar aqui ou ali, onde estivesse estaria cumprindo o papel que lhe cabia na construção do reino de Deus. Nesta compreensão, prega; nesta compreensão, se defende diante da Inquisição; nesta compreensão, redige seus Sermões; nesta compreensão, se dá ao apostolado; nesta compreensão, enfim, argumenta em todas as direções.

REFLEXÃO E DEBATE

1. Portugal, no século XVII, era uma sociedade sagrada. Nestes termos, que diferenças havia em relação à nossa sociedade?
2. Comércio, guerra e religião andavam juntos nessa sociedade. Os homens de então achavam isto natural. Como o justificavam?
3. O que se entende por Estado Nacional? Em que se contrapõe ao regime anterior?
4. O grande comércio leva à racionalidade. Mostre isto no que diz respeito ao Estado.
5. Portugal teve, nos séculos XVI e XVII, uma experiência de globalização. Desenvolva este tema.

Temas

"Eu tenho muitas graças que dar a Deus na minha (vida), pois são nela tão repetidos os desenganos de que só a Ele se deve servir; mas sou tal que nem assim o faço: espero contudo em sua graça que me a há de dar, para que emende nestes últimos dias os erros do passado."

Padre Vieira, *Cartas*, t. II, 301.

OS SERMÕES DE VIEIRA

Os sermões do Padre Antônio Vieira têm temas variadíssimos e é inócuo querer propor-lhes, *post factum*, uma organização que não existiu. Creio ser importante, sim, observar que visão de mundo o orador estampava em seus sermões e que forma usava para passar a mensagem.

A chave de leitura tem que ser, sempre, o próprio orador. Antônio Vieira foi, acima de tudo, teólogo: como intérprete da revelação, ele falava. Certa vez, em sermão (XXI, 67), assim falou: "Cuidareis que são isto pensamentos; não são senão verdades sólidas e Teologia rigorosa".

Qual era sua visão teológica? Talvez a expressão mais forte de sua teologia seja a presença de Deus em toda criatura. Ele queria ver e mostrar que Deus estava se manifestando em todas as situações humanas, através de todos os acontecimentos naturais, explícita ou enigmaticamente. Deus podia ser tocado – não apenas invocado à distância – através das pegadas que Ele deixava: "as pegadas ficam... ficam como raízes fundas e firmes" (*Sermões*, t. XI, pág. 314). Assim, Deus se manifesta nos Sacramentos, mormente no da Eucaristia; na realeza, nos sucessos humanos (batalhas, nascimentos, mortes, na variedade de ações humanas, etc.) e nos sucessos naturais (cometas, tempestades, naufrágios, etc.).

O que dá unidade à variedade dos temas é exatamente isto: a presença, ainda que escondida, de Deus junto ao homem, fazendo com que cada gesto seu seja um trabalho sagrado.

Isto se desdobra tanto em sermões sobre princípios de espiritualidade, de vida moral, de perfeição da vida cristã, de união mística, vida dos santos e tantos outros, como sobre ações. Entre elas, a primeira se refere ao papel eminentemente ativo da realeza na existência da sociedade portuguesa. Além disso, o governo dos homens, a escravidão, a política exterior, a política comercial, a política econômica, a estratégia militar, os vícios de governação. Nada escapa ao olhar teológico-prático de Vieira, porque, para ele, tudo é construção do reino de Deus entre os homens.

Quanto à forma, seu estilo é o barroco na sua expressão conceptista: há jogo de idéias – imagético, novidadeiro e engenhoso – mas um raciocínio lógico, racionalista. A formação escolástica desenvolveu em Vieira essa racionalidade que nele se multiplica em argumentos, na busca do escondido, do sentido último das coisas.

Citaremos, a seguir, alguns sermões que assinalam o que se disse acima, para se observar o orador e a forma, o tema e os temas.

O *Sermão da Sexagésima* (t. I, pág. 35-88) se tornou famoso porque aí Vieira ensina como pregar, contrapondo-se à moda da época.

"Quando Cristo mandou pregar os apóstolos pelo mundo, disse-lhes desta maneira: '*Euntes in mundum universum, praedicate omni creaturae*'. Ide, e pregai a toda a criatura. Como assim, Senhor? Os animais não são criaturas? As árvores não são criaturas? As pedras não são criaturas? Pois hão os apóstolos de pregar às pedras? Hão de pregar aos troncos? Hão de pregar aos animais? Sim, diz S. Gregório, depois de S. Agostinho; porque, como os apóstolos iam pregar a todas as nações do mundo, muitas delas bárbaras e incultas, haviam de achar os homens degenerados em todas as espécies de criaturas; haviam de achar homens-homens, haviam de achar homens-brutos, haviam de achar homens-troncos, haviam de achar homens-pedras. E quando os pregadores evangélicos vão pregar a toda a criatura, que se armem contra eles todas as criaturas? Grande desgraça!

Mas ainda a do semeador do nosso Evangelho não foi a maior. A maior é a que se tem experimentado na seara aonde eu fui, e para onde venho. Tudo o que aqui padeceu o trigo, padeceram lá os semeadores. Se bem advertirdes, houve aqui trigo mirrado, trigo afogado, trigo comido, e trigo pisado. Trigo mirrado: '*Natum aruit, quia non habebat humorem*'; trigo afogado: '*Exortae spinae suffocaverunt illud*'; trigo comido: '*Volucres coeli comederunt illud*'; trigo pisado: '*Conculcatum est*'. Tudo isto padeceram os semeadores evangélicos da Missão do Maranhão de doze anos a esta parte. Houve missionários afogados, porque uns se afogaram na boca do grande rio Amazonas; houve missionários comidos, porque a outros comeram os bárbaros na Ilha dos Aroãs; houve missionários mirrados, porque tais tornaram os da jornada dos Tocantins, mirrados da fome e da doença, onde tal houve, que andando vinte e dois dias perdido nas brenhas, matou somente a sede com o orvalho que lambia das folhas. Vede se lhe quadra bem o '*Natum aruit quia non habebat humorem*'? E que sobre mirrados, sobre afogados, sobre comidos, ainda se vejam pisados e perseguidos dos homens: '*Conculcatum est*'? Não me queixo, nem o digo, Senhor, pelos semeadores; só pela seara o digo, só pela seara o sinto. Para os semeadores isto são glórias: mirrados, sim, mas por amor de vós mirrados; afogados sim, mas por amor de vós afogados; comidos sim, mas por amor de vós comidos; pisados e perseguidos sim, mas por amor de vós perseguidos e pisados."

Sobre o estilo, ainda no mesmo sermão:

"Não fez Deus o céu em xadrez de estrelas, como os pregadores fazem o sermão em xadrez de palavras. Se de uma parte está branco, da outra há de estar negro; se de uma parte está dia, da outra há de estar noite; se de uma parte dizem luz, da outra hão de dizer sombra; se de uma parte dizem desceu, da outra hão de dizer subiu. Basta que não havemos de ver num sermão duas palavras em paz? Todas hão de estar sempre em fronteira com o seu contrário?

(...) porém esse estilo de pregar, não é pregar culto. Mas fosse! Este desventurado estilo que hoje se usa, os que o querem honrar chamam-lhe culto; os que o condenam chamam-lhe escuro; mas ainda lhe fazem muita honra. O estilo culto não é escuro, é negro, e negro boçal cerrado. É possível que somos portugueses, e havemos de ouvir um pregador em português, e não havemos de entender o que diz? Assim como há léxicon para o grego, e calepino para o latim, assim é necessário haver um vocabulário do púlpito. Eu ao menos o tomara para os nomes próprios, porque os cultos têm batizados os santos, e cada autor que alegam é um enigma. Assim o disse o Cetro penitente; assim o disse o Evangelista Apeles; assim o disse a Águia de África, o Favo de Claraval, a Púrpura de Belém, a Boca de Ouro. Há tal modo de alegar! O Cetro penitente dizem que é Davi, como se todos os cetros não foram penitentes; o Evangelista Apeles, que é S. Lucas; o Favo de Claraval, S. Bernardo; a Águia de África, Santo Agostinho; a Púrpura de Belém, S. Jerônimo; a Boca de Ouro, S. Crisóstomo. E quem quitaria ao outro cuidar que a púrpura de Belém é Herodes, que a Águia de África é Cipião, e que a Boca de Ouro é Midas? Se houvesse um advogado que alegasse assim a Bartolo e Baldo, havíeis de fiar dele o vosso pleito?"

No *Sermão da XIX Dominga de Pentecostes* (t. V, pág. 289), discorrendo sobre o Sacramento, assim diz:

"... por isso também o que era o banquete da glória se mudou em banquete do Sacramento. E qual é ou foi a razão desta tão notável mudança? A razão clara e manifesta é porque entre a bem-aventurança do céu e o Sacramento na terra não há outra distinção nem outra diferença de banquete a banquete, senão ser um de dia, outro de noite; um com luz do sol, outro com luz de candeia; um com o lume da glória, que é claro, outro com o lume da fé, que é escuro; um que se goza e se vê, outro que se goza sem se ver. Não é certo que o mesmo Deus que se goza no céu é o que está no Sacramento? Sim. Não é também certo que lá se vê esse mesmo Deus, e cá não? Também. Pois essa é só a diferença que há entre o banquete da glória no céu e o do Sacramento na terra. A glória é o sacramento com as cortinas corridas; o Sacramento é a glória com as cortinas cerradas. Lá come-se Deus exposto e descoberto: aqui come-se coberto e encerrado. Se os que se assentaram hoje a esta mesma mesa, parte foram cegos e parte não, que diferença havia de haver entre uns e outros? Os que tivessem olhos haviam de comer e ver o que comiam; os cegos não haviam de ver o que comiam, mas haviam de comer as mesmas iguarias que os outros. O mesmo nos sucede a nós, em comparação dos bem-aventurados do céu. Eles comem e vêem, porque comem de dia; nós comemos e não vemos, porque comemos de noite. É verdade que ainda que de noite, comemos à luz da candeia, que é o lume a fé; mas este lume é de tal qualidade, que certifica, mas não mostra, porque, se mostrara o que certifica, já não fora fé."

Falando sobre a união mística entre o homem e Deus, assim prega no *Sermão das Chagas de São Francisco* (t. XXI, pág. 66):

"'*Si quis vult post me venire, abneget semetipsum*': se alguém Me quiser seguir, diz Cristo, negue-se a si mesmo. E que quer dizer negue-se a si mesmo? Quer dizer que cada um há de deixar de ser o que é. Nem eu hei de ser eu, nem vós haveis de ser vós. E assim o fez S. Francisco. Negou-se de tal maneira a si mesmo, que deixou totalmente de ser o que dantes era. Pois, se Francisco não era Francisco, que era? Era Cristo. Claramente, por palavras de S. Paulo: '*Vivo ego, jam non ego*'. Vivo eu, mas já não eu: eis aqui negar-se a si mesmo. Eu não-eu. Pois, se vós não sois vós, quem sois? '*Vivit vero in me Christus*'. Eu sou Cristo por transformação. De maneira que deixou Francisco de ser o que era, e passou a ser o que não era. Por força da abnegação, deixou de ser o que era, deixou de ser Francisco: '*Vivo ego, jam non ego*'. E por força da transformação passou a ser o que não era, passou a ser Cristo: '*Vivit vero in me Christus*'. E como Francisco já não era Francisco, senão Cristo, daqui veio que, dando-lhe o Senhor a glória de suas chagas, a não deu a outrem, como tinha prometido: '*Gloriam meam alteri non dabo*'."

Jogando com imagens, para fazer o ouvinte como que experimentar aquilo que se prega, assim se expressa no *Sermão de São Roque* (t. XX, pág. 212):

"Ia S. Paulo caminhando para Damasco, desce do céu um raio de luz, que o derrubou do cavalo e o deitou em terra. Estava Elias no Jordão, desce do céu um coche de quatro cavalos, que o levou por esses ares. Eis aqui o que acontece na terra quando anda prodigioso o céu. A uns apeia, a outros levanta. Paulo, que andava a cavalo, ficou a pé; Elias, que andava a pé, ficou em coche. Contudo, a mim me parece muito bem que Elias tenha coche, porque vejo a capa de Elias nos ombros de Eliseu. Que ande em coche Elias zeloso, que cobre a Eliseu com a sua capa, é muito justo; mas que ande em coche Elias zelote, que cobre o coche com a capa de Eliseu, não é bom zelo este. Zeloso que não sabe dar a capa, não tem bom zelo. Pois, desenganemonos, que quem quiser sustentar as tochas nas mãos, não há de ter a capa nos ombros. Por isso Cristo nos manda ser semelhantes a criados, cujo estilo e obrigação é largar a capa para tomar a tocha. Estava Jeú em uma conversação de fidalgos, veio subitamente um profeta ungi-lo por rei: e que fizeram os circunstantes? No mesmo ponto diz o texto que tiraram todos as capas dos ombros, fizeram delas um trono, assentaram nele a Jeú, e disseram: viva el-rei. '*Regnavit Jehu*'. Então vive o rei, quando se lhe faz o trono das capas dos maiores vassalos. Entrou Cristo em Jerusalém triunfando, começaram todos a aclamá-lo por rei de Israel; e que fizeram os que estavam pelas ruas? No mesmo ponto diz o Evangelho que tiraram também as capas, e as lançavam por terra, para que o Senhor passasse por cima. Então triunfa o rei, quando tem postas a seus pés as capas dos seus vassalos."

No mesmo *Sermão de S. Roque* (t. XX, pág. 231) fundamenta a constituição sagrada do reino de Portugal:

"Não houve no mundo dinheiro mais sacrílego que aqueles trinta dinheiros por que Judas vendeu a Cristo. E que se fez deste dinheiro? Duas coisas notáveis. A primeira foi que daquele dinheiro se comprou um campo para sepultura dos peregrinos: '*In sepulturam peregrinorum*', assim o diz o evangelista, e assim o tinha Deus mandado pelo profeta. Houve no mundo maior impiedade que vender a Cristo? Nem a pode haver. Há no mundo maior piedade que sepultar peregrinos? Não a há maior. Pois, eis aqui o que faz Deus quando obra maravilhas: que o dinheiro que foi instrumento de maior impiedade passe a servir às obras da maior piedade. Serviu este dinheiro sacrilegamente à venda de Cristo. Pois sirva piedosamente à sepultura dos peregrinos. Esta foi a primeira coisa que se fez dos trinta dinheiros.

A segunda foi que mandou Cristo a el-rei D. Afonso Henriques, que destes trinta dinheiros, e mais das suas cinco chagas, se formassem as armas de Portugal: '*Ex pretio quo ego genus humanum emi, et ex pretio quo a Judaeis emptus sum, insigne tuum compone*'. Comporeis o escudo das vossas armas do preço com que eu comprei o gênero humano, que são as minhas cinco chagas, e do preço com que os judeus me compraram a mim, que são os trinta dinheiros de Judas. Há coisa mais sacrílega que os trinta dinheiros de Judas? Há coisa mais sagrada que as cinco chagas de Cristo? E, contudo, manda Deus ao primeiro rei português que componha as armas de Portugal das chagas de Cristo e mais do dinheiro de Judas, para que entendamos que o dinheiro de Judas cristãmente aplicado, nem descompõe as chagas de Cristo, nem descompõe as armas de Portugal. Antes, compostas juntamente de um e outro preço, podem tremular vitoriosas nossas bandeiras na conquista e restauração da fé, como sempre fizeram em ambos os mundos. E se Deus compôs assim as armas de Portugal, se Deus não achou inconveniente nesta união, que muito é que o imaginasse assim um homem? Ora, perdoai-lhe, quando menos, que tem bom fiador o pensamento."

Portugal, com efeito, é um tema constante em Vieira. São muitas as passagens dos *Sermões* em que apela para a honra e a nobreza de Portugal, a fim de excitar o ânimo de seus compatriotas e dignificar sua história. O argumento se constrói recorrendo aos fundamentos do Reino: a união mística entre Deus e o povo português, pertinentemente representado pelo rei.

Um dos mais belos textos de Vieira, em que a forma excede a expectativa, é o sermão que proferiu *Pelo Bom Sucesso das Armas de Portugal contra as de Holanda*, em 1640 (t. V, pág. 305-346). Retoricamente, Vieira prega para Deus e não para os fiéis cristãos. Lembra-lhe que não está pedindo favor e sim obrigação, pois:

"O reino de Portugal, como o mesmo Deus nos declarou na sua fundação, é reino seu e não nosso: '*Volo enim in te et in semine tuo imperium mihi stabiliri*'; e como Deus é o rei: '*Tu es ipse rex meus et Deus meus*'; e este rei é o que manda e o que governa: '*Qui mandas salutes Jacob*', ele que não se muda, é o que causa estas diferenças.

(...)

Não hei de pedir pedindo, senão protestando e argumentando; pois esta é a licença e liberdade que tem quem não pede favor senão justiça. Se a causa fora só nossa e eu viera a rogar só por nosso remédio, pediria favor e misericórdia. Mas como a causa, Senhor, é mais Vossa que nossa, e como venho a requerer por parte de Vossa honra e glória e pelo crédito de Vosso nome, *propter nomen tuum*, razão é que peça só razão, justo é que peça só justiça. Sobre este pressuposto Vos hei de arguir, Vos hei de argumentar; e confio tanto da Vossa razão e da Vossa benignidade, que também Vos hei de convencer. Se chegar a me queixar de Vós e a acusar as dilações de Vossa justiça, ou as desatenções de Vossa misericórdia – *quare obdormis: quare oblivisceris* – não será esta vez a primeira em que sofrestes semelhantes excessos a quem advoga por Vossa causa. As custas de toda a demanda também Vós, Senhor, as haveis de pagar, porque me há de dar a Vossa mesma graça as razões com que Vos hei de arguir, a eficácia com que vos hei de apertar e todas as armas com que vos hei de *render*."

E argumenta com Deus:

"...olhai, Senhor, que vivemos entre gentios, uns que o são, outros que o foram ontem; e estes que dirão? Que dirá o tapuia bárbaro sem conhecimento de Deus? Que dirá o índio inconstante, a quem falta a pia afeição da nossa fé? Que dirá o etíope boçal, que apenas foi molhado com a água do batismo, sem mais doutrina? Não há dúvida que todos estes, como não têm capacidade para sondar o profundo de Vossos juízos, beberão o erro pelos olhos. Dirão pelos efeitos que vêem, que a nossa fé é falsa e a dos holandeses a verdadeira, e crerão que são mais cristãos sendo como eles.

A seita do herege torpe e brutal, concorda mais com a brutalidade do bárbaro: a largueza e soltura da vida, que foi a origem e o fomento da heresia, casa-se mais com os costumes depravados e corrupção do gentilismo. E que pagão haverá que se converta à fé que lhe pregamos, ou que novo cristão já convertido, que se não perverta, entendendo e persuadindo-se uns e outros que no herege é premiada a sua lei, e no católico se castiga a nossa?"

Mais adiante, assim argumenta:

"Abrasai, destruí, consumi-nos a todos; mas pode ser que algum dia queirais espanhóis e portugueses, e que os não acheis. Holanda Vos dará os apostólicos conquistadores, que levem pelo mundo os estandartes da cruz; Holanda Vos dará os pregadores evangélicos, que semeiem nas terras dos bárbaros a doutrina católica, e a reguem com o próprio sangue; Holanda defenderá a verdade de Vossos sacramentos, e a autoridade da Igreja Romana; Holanda edificará templos, Holanda levantará altares, Holanda consagrará sacerdotes e oferecerá o sacrifício de Vosso Santíssimo Corpo; Holanda, enfim, Vos servirá e venerará tão religiosamente como em Amsterdam, Meldeburg e Flisinga, e em todas as outras colônias daquele frio e alagado inferno, se está fazendo todos os dias.

Finjamos, pois – o que até fingido e imaginado faz horror – finjamos que vem a Bahia e o resto do Brasil a mãos dos holandeses: que é o que há de suceder em tal caso? Entrarão por esta cidade com fúria de vencedores e de hereges; não perdoarão a estado, a sexo nem a idade; com os fios dos mesmos alfanjes medirão a todos. Chorarão as mulheres, vendo que se não guarda decoro à sua modéstia; chorarão os velhos, vendo que se não guarda respeito às suas cãs; chorarão os nobres, vendo que se não guarda cortesia à sua qualidade; chorarão os religiosos e veneráveis sacerdotes, vendo que até as coroas sagradas os não defendem; chorarão, finalmente, todos, e entre todos mais lastimosamente os inocentes, porque nem a estes perdoará – como em outras ocasiões não perdoou – a desumanidade herética. (...) Pois também a Vós, Senhor, Vos há de alcançar parte do castigo – que é o que mais sente a piedade cristã – também a Vós há de chegar.

Entrarão os hereges nesta igreja e nas outras; arrebatarão essa custódia, em que agora estais adorado dos anjos; tomarão os cálices e vasos sagrados, e aplicá-los-ão a suas nefandas embriaguezes; derribarão dos altares os vultos e estátuas dos santos, deformá-las-ão a cutiladas, e metê-las-ão no fogo, e não perdoarão as mãos furiosas e sacrílegas, nem as imagens tremendas de Cristo crucificado, nem as da Virgem Maria. Não me admiro tanto, Senhor, de que hajais de consentir semelhantes agravos e afrontas nas vossas imagens, pois já as permitistes em Vosso sacratíssimo Corpo; mas nas da Virgem Maria, nas de Vossa Santíssima Mãe, não sei como isto pode estar com a piedade e amor de Filho. ...como consentis agora, que se lhe façam tantos desacatos?

Enfim, Senhor, despojados assim os templos e derribados os altares, acabar-se-á no Brasil a cristandade católica; acabar-se-á o culto divino; nascerá erva nas igrejas, como nos campos; não haverá quem entre nelas! Passará um dia de Natal, e não haverá memória de vosso nascimento; passará a quaresma e a semana santa, e não se celebrarão os mistérios de vossa Paixão! Chorarão as pedras das ruas, como diz Jeremias, que choravam as de Jerusalém destruída: '*Viae Sion lugent, eo quod non sint qui veniant ad solemnitatem*'; ver-se-ão ermas e solitárias, e que as não pisa a devoção dos fiéis, como costumava em semelhantes dias. Não haverá missas, nem altares, nem sacerdotes que as digam; morrerão os católicos sem confissão, nem sacramentos; pregar-se-ão heresias nestes mesmos púlpitos e, em lugar de S. Jerônimo e S. Agostinho, ouvir-se-ão e alegarse-ão neles os infames nomes de Calvino e Lutero, beberão a falsa doutrina os inocentes que ficarem, relíquias dos portugueses; e chegaremos a estado que se perguntarem aos filhos e netos dos que aqui estão: – menino, de que seita sois? um responderá, eu sou calvinista; outro, eu sou luterano! Pois isto se há de sofrer, Deus meu?!

(...)

...arrependei-Vos, misericordioso Deus, enquanto estamos em tempo, ponde em nós os olhos de Vossa piedade, ide à mão à Vossa irritada justiça, quebre Vosso amor as setas de Vossa ira, e não permitais tantos danos e tão irreparáveis! Isto é o que Vos pedem tantas vezes, prostradas diante de Vosso divino acatamento, estas almas tão fielmente católicas em nome Seu e de todas as deste Estado. E não Vos fazem esta humilde deprecação pelas perdas temporais, de que cedem, e as podeis executar neles por outras vias; mas pela perda espiritual eterna de tantas almas, pelas injúrias de Vossos templos e altares, pela exterminação do sacrossanto sacrifício de Vosso Corpo e Sangue, e pela ausência insofrível, pela ausência e saudades desse Santíssimo Sacramento, que não sabemos quanto tempo teremos presente!"

VIEIRA E PORTUGAL

Duas premissas devem ser destacadas para se entender melhor Vieira: a sacralidade da monarquia e a constituição divina do reino.

A sacralidade da monarquia é postulado que vem desde a Idade Média. Não a inventara Vieira. Ela era o lugar de passagem e comunicação de Deus com os Homens. A realização do Reino de Deus acontecia pela realização do reino a que se pertencia. A pessoa do rei era sublimada, cabendo-lhe, pela função, todas as virtudes e merecimentos. O rei como que personificava toda a sociedade e dele dependia a saúde e o bem-estar dela. A esta cabia estar unida ao rei, obedecendo ao seu comando. Não era o povo que dava poder ao rei; era o poder do rei, independentemente da pessoa nominada, que constituía a sociedade.

Vieira, para além do que dizia a tradição, afirmava a predestinação da monarquia portuguesa para a grande conquista temporal e espiritual de todo o orbe. Era esta sua marca, esta sua missão.

A constituição divina do reino é o que lhe dá unidade e destinação. Antes, já indicamos a aparição de Cristo ao fundador do reino, dizendo que sobre ele e sobre sua descendência estabeleceria, para Ele, um império. Agora, Vieira busca a mais antiga origem da sociedade portuguesa, dizendo-a herdeira das bênçãos de Noé a seu filho Jafé:

"Assim sucedeu a Jafé: lançou-lhe a bênção seu pai Noé, e disse desta maneira: '*Dilatet Deus Japhet*'. Filho meu Jafé, Deus te dê a ventura conforme o nome. O teu nome de Jafé quer dizer *dilatatio*: dilatação, e tal será a tua bênção, porque Deus te dilatará tão estendidamente por toda a terra, que não só lograrás a parte que coube na tua repartição, senão também a de teus irmãos. (...) Bem está; mas sobre quem caiu esta bênção de Noé? Quem logrou esta promessa feita a Jafé? E em quem se cumpriu a grandeza de toda esta profecia? Cumpriu-se no primeiro português que houve no mundo, e na sua descendência, que somos nós.

O primeiro português que houve no mundo foi Tubal: sua memória se conserva ainda hoje, não longe da foz do nosso Tejo, na povoação primeira que fundou, com o nome de Coetus Tubal, e, com pouca corrupção, Cetúbal. (...) E, finalmente, neste filho quinto de Jafé, neste primeiro português, neste Tubal, se verificou a bênção de seu avô Noé, e se cumpriu a profecia e promessa feita a seu pai Jafé, porque só os portugueses, filhos, descendentes e sucessores de Tubal, são e foram – sem controvérsia – aqueles que, por meio de suas prodigiosas navegações e conquistas, com o astrolábio em uma mão, e a espada na outra, se estenderam e dilataram por todas as quatro partes do imenso globo da terra. Portugueses na Europa, portugueses na África, portugueses na Ásia, portugueses na América, e, em todas estas quatro partes do mundo, com portos, com fortalezas, com cidades, com províncias, com reinos, e com tantas nações e reis tributários. (...)

Mas que quer dizer Tubal? Prodigioso caso! Tubal, como dizem todos os intérpretes daquela primeira língua, que era hebraica, quer dizer *orbis et mundanus*: homem de todo o mundo, homem de todo orbe, homem de toda a redondeza da terra. Pois de todo o mundo, de todo o orbe, de toda a redondeza da terra um homem? Sim, porque este homem era o primeiro fundador de Portugal, era o primeiro português, era o primeiro pai dos portugueses, aqueles homens notáveis, que não haviam de ser habitadores de uma só terra, de um só reino, de uma só província, como os outros homens, senão de todo o mundo, de todo o orbe, de todas as quatro partes da terra" (t. XX, pág. 412-415).

VIEIRA E O QUINTO IMPÉRIO

Nos séculos chamados medievais, o discurso e as formas de se representar a vida social estavam profundamente marcados pelo discurso e pelas representações religiosas vigentes. O sagrado era a alma escondida de tudo o que se vivia. Não só a linguagem estava carregada de expressões teológicas e bíblicas, mas a própria mentalidade se achava impregnada dessa concepção. O argumento, qualquer que fosse a natureza da matéria – religião, política, economia, estratégia militar – tinha que abeberar-se nas fontes cultivadas pela tradição cristã: na Bíblia, na Teologia, na Liturgia, no Direito Canônico, nas devoções, nos costumes. Doutores, pregadores, confessores, rezadores, fiéis se alimentavam delas e a elas realimentavam. Vivia-se um clima de iminente irrupção e vigência do definitivo. Todos usavam linguagem profética, porque todos vislumbravam o apogeu da cristandade, com a vitória sobre os inimigos – os judeus, os turcos, os hereges – sob a condução do imperador e do Papa. O advento de um império universal, que estabelecesse a fé cristã com exclusividade, era expectativa do europeu dessa época.

O desenvolvimento da cultura européia, de modo geral, se fez sobre os padrões de compreensão do mundo que a Igreja tinha elaborado. Portugal, da mesma forma, vivia a atmosfera religiosa. Mesmo os grandes acontecimentos do século XVI eram interpretados e vividos à luz da experiência religiosa. E esta experiência tinha uma forma histórica, ligada primeiramente ao uso das Escrituras segundo a doutrina dos papas, dos grandes doutores, dos teólogos; num segundo aspecto, ligada à ênfase na prática, fossem devoções como expressão de culto, fosse obediência aos mandamentos e à legislação eclesiástica. Não se exigia compreensão mais profunda. Bastava a prática. Afinal, tudo já estava definido: restava mesmo praticar.

As mudanças sociais, que o desenvolvimento do comércio continental, e mais tarde intercontinental acarretava consigo, balançavam a compreensão tradicional da realidade. Não só o comércio induzia à racionalidade, em desfavor de verdades recebidas, mas ainda o contato com culturas diferentes minava, aos poucos, a crença da interpretação única. A busca de soluções era imediata. O caminho, porém, ainda era o da própria cultura religiosa. Não havia outro caminho.

A salvação do que estava em perigo teria que se dar, milagrosamente que fosse, pelo caminho conhecido. A defesa desse caminho era postulado indiscutível. Por isto, se entende a solução vinda: o surgimento de figuras proféticas, no seu procedimento ou na sua pregação, garantindo a recuperação das condições de segurança, de paz, de ordem social. Estado e Igreja, por sua intercompenetração indissolúvel, eram o objeto principal dos enunciados proféticos.

Portugal vivia isto no século XVII. A libertação do domínio espanhol era popularmente explorada. A volta de D. Sebastião, morto em batalha contra os muçulmanos (Alcácer-Quibir, 1578), tornou-se crença generalizada, na expectativa do reerguimento de Portugal. Com a Restauração (1640), as esperanças se concretizavam. O *encoberto*, que seria D. Sebastião, agora é D. João IV, porque nele, agora descoberto, se realizavam as profecias. Vieira, como as pessoas do seu tempo, aceitava como natural a interferência milagrosa na ordem das coisas. Os cometas, por exemplo, seriam sinais de que Deus usava para manifestar os seus intentos. O milagre podia ser exceção à natureza das coisas, mas não o era às formas de intervenção de Deus sobre a natureza.

Neste sentido, o Padre Antônio Vieira, mestre de Teologia, estudioso da Escritura, pregou a realização de um império universal cristão sob a regência do rei português. Este seria o Quinto Império, que ultrapassaria os quatro profetizados por Daniel: o assírio, o babilônio, o grego e o romano.

Tratava-se, ao mesmo tempo, de realizar a cristandade universal, única via de salvação para os homens, e de realizá-la segundo a concepção vigente à época, isto é, sob a bandeira de um príncipe. A figura do rei, para Vieira, estava revestida da missão fundamental de ser passagem para Deus. Não haveria, pois, por que Deus não escolher o rei para a plena realização de sua vontade salvífica. E eram chegados os tempos anunciados!

Dada a destinação de Portugal desde seus primórdios, esse rei seria necessariamente português. Segundo a tradição, o próprio Cristo, aparecendo ao rei quando da batalha de Ourique (1139), na gesta de sua fundação, o teria confirmado: "Quero estabelecer em ti e na tua descendência um império para Mim". E a missão do império: "para que seja levado Meu nome às gentes estranhas". Ora, isto não tinha sido cumprido ainda.

Para Vieira, esse rei tinha nome: era D. João IV, o Restaurador, falecido em 1556. Vieira se apoiava nas Trovas de Bandarra, o sapateiro-profeta de Troncoso, que dizia: "O Rei novo é levantado... O Rei novo é acordado" (*Cartas*, t. I, pág. 525). Isto significa: levanta-se um restaurador da monarquia portuguesa e, como em vida não consegue cumprir com toda a sua missão, ele é novamente *acordado*. Argumenta Vieira: "O Bandarra é verdadeiro profeta; o Bandarra profetizou que El-rei D. João o quarto há de obrar muitas coisas que ainda não obrou, nem pode obrar senão ressuscitando: logo El-Rei D. João o quarto há de ressuscitar" (ibidem, pág. 488).

Como Bandarra, outros haviam profetizado um império universal, afirma Vieira em sua defesa, perante a Inquisição, o que demonstra que este clima de expectativa não era restrito a Portugal. Cita, como exemplos, São Francisco de Paula (séc.

XV): "no dito tempo da maior exaltação espiritual da Igreja, há de haver no mundo um só Imperador e doze Reis a ele sujeitos; o tal Imperador será descendente de um Siciliano" (*Os autos do processo de Vieira na Inquisição*, pág. 161). E Rusticano: "o dito imperador há de ser um Rei de França". E, Santo Ângelo, mártir: "há de ser descendente dos antigos reis de França". Para Vieira, não havia dúvida: o império seria português.

Para a realização do Quinto Império, mais do que a pessoa física de D. João IV, o que importava é que fosse o rei, tanto o é que Vieira vai substituir D. João IV por outros nomes. A função real transcende a pessoa do rei. O rei é como a síntese da sociedade. Ele constitui a nação. Ele porta em si, consubstancialmente, todos os seus súditos, toda a sociedade. A justificação da Restauração é o momento em que se explicita bem o argumento: rei é ele mais seu povo; o reino, sem o rei, nada é. O "nacionalismo" dessa época, radicado na pessoa do rei, transbordava cristandade, com ela se confundindo e tornando-se uma e mesma coisa: não havia como se afirmar uma nação sem afirmá-la por sua fé cristã. Este nacionalismo existiu na França, existiu na Inglaterra, na Alemanha. É como se disséssemos: o cristianismo se fez nação; a nação se fez pelo cristianismo.

Se Portugal estava destinado por Deus a ser seu instrumento na evangelização dos povos, era o rei que comportava em si essa missão. O rei de Portugal, por sua função, é, para Vieira, o encarregado da missão de executar o reino de Deus, o triunfo do cristianismo, nos termos de um império. "...no tempo deste Império de Cristo há de haver no mundo um só Imperador a quem obedeçam todos os Reis e todas as nações do mundo... a cabeça deste império temporal há de ser Lisboa, e os Reis de Portugal os imperadores supremos: e que neste tempo há de florescer universalmente a justiça, inocência e santidade em todos os Estados, e se hão de salvar pela maior parte todos os homens (ibidem, pág. 37).

A predestinação de Portugal para a tarefa de universalizar a fé católica e estender a Igreja foi tema constante de seus *Sermões* e outros escritos, sobretudo *Esperanças de Portugal, Quinto Império do Mundo.* Suas raízes, ele as encontra no mais longínquo: Tubal, filho de Jafé, por sua vez filho de Noé, donde todos os povos derivam, viveu nas terras de Portugal. "E, finalmente, neste filho quinto de Jafé, neste primeiro português, neste Tubal, se verificou a bênção de seu avô Noé, e se cumpriu a profecia e promessa feita a seu pai Jafé" (*Sermões*, t. XX, pág. 413). Tubal, segundo o mesmo sermão, significa *orbis et mundanus*: homem de todo o mundo, homem de todo o orbe. Os portugueses, com efeito, únicos no mundo, se estenderam por todos os continentes. *Toda terra é sinônimo de Portugal.* Portugal estava predestinado a uma missão universal e ele a realizava e melhor ainda a realizaria.

A visão vieiriana não destoava dos pressupostos da cristandade, ainda vigentes. Ninguém, com efeito, acusou-o pelo projeto de cristandade. A Inquisição o acusou pelos caminhos e fundamentações. Ela condenou seus argumentos baseados na Escritura, nos padres da Igreja e nos doutores, nos profetas populares; condenou o anúncio de um Império cristão universal sob a liderança de um rei defunto, a ressuscitar. Mas nunca condenou o projeto.

No fundo, o que Vieira pregava era a instrumentalidade do reino português para a difusão e sustentação da fé católica no universo, instrumentalidade aliás, para ele, própria de qualquer reino cristão. E o fazia no estilo de sua época, marcado pela visão teológica imperante, pelo literalismo inquisitorial do dogma, pela religiosidade expressa em imagens nas devoções, jamais marcado anacronicamente pelo racionalismo ilustrado. Este mundo todo é espaço do sagrado. O rei, que sintetiza em si este mundo e faz leis para o seu povo, governa sagradamente.

Não havia dois Vieiras opostos entre si: um, diplomata por exemplo, dedicado ao mundo; o outro, *sonhador* do Quinto

Império, *visionário* do futuro, missionário da Amazônia. Como não havia um Vieira orador, um Vieira político, um Vieira padre. A primeira exigência, para uma leitura de Vieira com probabilidade de estar correta, é conhecer-lhe a identidade, ou seja, aquilo que o faz Vieira, e daí partir para a interpretação. Nenhum aspecto, por mais interessante e presumidamente fecundo, pode enformar a leitura, por não fornecer a abrangência necessária. Neste sentido, as caracterizações que dele se fazem tais como Vieira político, Vieira missionário, Vieira diplomata, Vieira cortesão e Vieira orador enviesam a leitura e deformam o conhecimento. Vieira é Vieira na totalidade, em tudo o que faz. É esta identidade que explicará os aspectos de sua vida.

O Vieira que houve é o teólogo profundamente convicto da fé professada pela Igreja, incapaz de dissociar tarefas mundanas de tarefas sagradas, homem da Companhia: militante e reformador. Como teólogo escolástico, sob os véus dos acontecimentos sabia presente e atuante a Providência Divina, tudo dispondo para a perfeição. Como teólogo jesuíta, reconhecia na obediência às autoridades a garantia do caminho de conformação com a vontade divina. Como teólogo seiscentista, afirmava a incumbência real, de origem divina, de "aumentar a nossa santa fé católica".

Encerrando estas considerações sobre a visão que Vieira tinha da predestinação do povo português na realização do império cristão universal, traslado seu depoimento feito perante o tribunal da Inquisição (*Os autos do processo de Vieira na Inquisição*, pág. 120).

"...na Igreja de Deus há de haver um novo e felicíssimo estado mui diverso do presente e dos passados, em que no mundo todo não há de haver outra crença nem outra lei senão a de Cristo: para complemento do qual estado se hão de converter todos os gentios, e se hão de reduzir todos os hereges, e se há de extinguir totalmente a seita de Mafoma, e hão de aparecer os Dez Tribos de Israel que estão ocultos em terras incógnitas, e se hão de converter todos os Judeus e há de haver neles maiores santos que os da lei Velha e mui semelhantes aos da primitiva Igreja que serão grandes zeladores e pregadores da lei de Cristo. E que neste tempo em que todo o Mundo estiver reduzido ao conhecimento de nossa Santa Fé se há de consumar o Reino e império do mesmo Cristo, e que este é o quinto Império profetizado por Daniel e que então há de haver no mundo a paz universal prometida pelos Profetas no tempo do Messias a qual ainda não está cumprida mais que incoadamente. E que no tempo deste Império de Cristo há de haver no mundo um só Imperador a quem obedeçam todos os Reis e todas as nações do mundo o qual há de ser vigário de Cristo no temporal assim como o Sumo Pontífice é vigário de Cristo no espiritual (o qual império espiritual então há de ser também perfeito e consumado), e que todo este novo estado da igreja há de durar por muitos anos. E que a cabeça deste império temporal há de ser Lisboa, e os Reis de Portugal os imperadores supremos: e que neste tempo há de florescer universalmente a justiça, inocência e santidade em todos os Estados, e se hão de salvar pela maior parte todos os homens, e se há de encher então o número dos Predestinados, o qual é muito maior do que comumente se cuida: conjecturando-se também o tempo em que estas coisas hão de suceder, e mostrando-se os meios e instrumentos por que se hão de conseguir. As quais coisas todas como tão raras e maravilhosas, e tão diversas do curso ordinário com que a Providência divina até agora tem governado o Mundo... havendo de ser provadas e deduzidas de textos muito expressos da sagrada Escritura, e autoridades dos Santos e de gravíssimos Doutores antigos e modernos e revelações particulares de santos canonizados e outras pessoas insignes em espírito de Profecia."

VIEIRA E A INQUISIÇÃO

Entre os aspectos mais interessantes da vida do Padre Antônio Vieira certamente sobressai sua relação com a Inquisição, porque a Inquisição representava para o português do seu tempo o poder absoluto e irretrucável. O princípio que estava por detrás era o da defesa da pureza da fé e dos costumes, ou seja, a guarda da Verdade. A Igreja medieval entendera que lhe cabia, por missão divina, o depósito da fé, estando a ela sujeitos os reis e príncipes da terra. Toda a sociedade pensava assim e assim organizava seu viver. Se a Verdade já estava dada, o que ainda buscar senão o seu cumprimento? Para esse cumprimento fiel, a Igreja e a Inquisição.

A leitura dos autos do processo de Vieira nos revela a mentalidade que sustentava a forma de vida social. Indiscutível, nesses tempos, a proeminência da fé católica e, em conseqüência, da Igreja: dos seus ensinamentos e das suas decisões, dos seus instrumentos de pregação e dos seus instrumentos de convencimento, da posição sagrada e social do clero. A Inquisição foi seu tribunal para julgar comportamentos que contrariassem tais convicções.

Vieira desde cedo se importunou com os procedimentos da Inquisição. Levado por sua visão política de consolidação da monarquia portuguesa, apelava ao rei em favor dos judeus. O argumento forte era que os judeus tinham riqueza, com que se poderia garantir a prosperidade do Reino. Razões de duas ordens impediam esta destinação: primeiro, o confisco pela Inquisição, em sua ânsia de prender judeus; segundo, a fuga de capital, dada a situação, para a Holanda sobretudo, e outros países. D. João IV assentira, liberando de confisco os judeus.

Os judeus, porém, não eram simplesmente outro povo: era o povo que tinha matado Jesus, o povo que ainda se cria herdeiro das promessas divinas esperando o Messias, o povo que tinha seus próprios rituais, enfim o povo que não aceitava a Igreja. Na Idade Média, crescera o ódio aos judeus por tudo isto e as Cruzadas serviram de instrumento apaixonado para o confirmar. No século XVII, apesar das mudanças políticas e econômicas havidas, a sociedade rejeitava o judeu.

Vieira, ainda que defensor da mesma fé, se sensibilizara por sua defesa. Em 1643, publicou a proposta que tinha feito a D. João IV em que lhe mostrava o estado miserável em que o reino se encontrava e a necessidade que se tinha de admitir os judeus mercadores que viviam fora de Portugal. E, em 1646, ao mesmo rei, a proposta em favor deles, sugerindo mudança do comportamento do Santo Ofício e do fisco. Por isto, era tido como simpático à causa dos judeus e seu defensor. Nem por isto deixava Vieira de argumentar, no que pertencia à fé e aos costumes, da mesma forma que seus contemporâneos.

O ódio ao judeu era incompreensível, porque "judeus foram os sagrados apóstolos e a Santíssima; judaico o sangue que o Filho de Deus se dignou tomar para preço de nossa redenção e união da sua divindade..." E resvala no preconceito: "casando indeterminadamente uns com outros (judeus e católicos), se acabará totalmente o nome e memória dos judeus, como tem acontecido em todas as nações do mundo, onde o extinguiu o esquecimento, por não haver distinção em que se perpetuasse" (*Aspectos do Padre Antônio Vieira*, pág. 125).

Por outro lado, seus argumentos acompanham as argumentações dos contemporâneos, compartilhando a mesma compreensão da organização do mundo. Eis um exemplo: "favorecer os homens de nação... não é contra lei alguma, divina nem humana, doutrina dos Santos Padres e resoluções de muitos concílios gerais e particulares... é também conforme à sentença comum de todos os teólogos... (ibidem, pág. 126). Ele faz questão de citar Escritura, papas, doutores da Igreja, teólogos, como qualquer outro o faria. Fazia parte do seu tempo.

Com a Igreja, ele usa de argumentos bíblicos e teológicos; com a Coroa, ele usa de argumentos econômicos. Seu objetivo? Uma convivência mais tranqüila com os judeus. Isto era demais para a Inquisição. Instado, ele comparece "aos vinte e um dias do mês de julho de mil e seiscentos e sessenta e três anos em Coimbra na Casa do oratório da Santa Inquisição" (*Os autos do processo de Vieira na Inquisição*, pág. 47). Serão quatro anos e meio frente a frente com a Inquisição. Dois anos e dois meses em cárcere, sem nada mais que a Bíblia e o breviário. Ele, Vieira, o "Religioso da Companhia de Jesus, teólogo e mestre de Teologia, Pregador del-Rei de Portugal, e ministro seu na Cúria Romana, e outras cortes, confessor nomeado do senhor Infante, Superior e Visitador Geral das missões do Maranhão com os poderes do seu Geral, e tão benemérito da Igreja e da fé Católica, como consta de dez anos que se empregou na conversão da gentilidade, e de muitas disputas que teve com todo gênero de hereges em França, Holanda, Inglaterra e outras partes, sendo mui conhecido em toda Europa por sua pessoa e escritos... (idem, pág. 132).

Foram trinta os exames. Em 1646, Vieira já argumentava: a maior parte do rigor de seus efeitos vem a cair principalmente sobre os bons... "os bons, denunciados pelos maus, não sabendo de onde lhes procede o mal e o dano, por se lhes não nomearem as testemunhas, ficam metidos em um labirinto de confusões" (*Cartas*, t. II, pág. 607). Agora, ele experimenta na carne o que isto significava.

Foram em cento e quatro o número de proposições suas censuradas. As principais diziam respeito ao futuro Quinto Império em que, sob a Coroa portuguesa, o mundo se converteria para Cristo, vivendo centenas de anos em felicidade. A segunda, que garantia isto, era a profecia de Bandarra sugerindo a ressurreição do rei de Portugal, para o cumprimento da promessa. Sobre estas se construíram as outras cem. Uma palavra, uma interpretação da Escritura ou dos doutores da Igreja bastava para incriminá-lo distorcidamente.

Vivendo as concepções do seu tempo, Vieira via a história como desdobramento da salvação, tal qual escrita nos Evangelhos e interpretada pela tradição. Jesus salvara os homens. Agora, cumpria garantir a salvação individual de cada um e de todos. A história inteira era sagrada. Não havia uma história política, independente desse plano de salvação. Sua teologia tinha que levá-lo à eminente realização desse plano divino. Urgia que todos se salvassem. E isto tinha que ser através dos instrumentos terrenos: o reino, a política, as armas, o comércio, a pregação. Seria a hora de todos aderirem ao discurso de Vieira. Mas, não! O escolasticismo teológico e jurídico dos inquisidores vêem de forma diferente.

Como trabalhavam eles? Dou alguns exemplos de como os inquisidores argumentavam, para o leitor imaginar o mundo em que se processavam tais coisas.

- A sucessão dos impérios se dará consoante as Escrituras, ou seja, na seguinte ordem: o assírio, o persa, o grego e o romano, o do Anticristo e, então, o Juízo. Isto se daria literalmente. Não haveria, pois, lugar para um Quinto Império nos moldes de Vieira. Aliás, reino temporal era expectativa do messianismo judaico, incompatível, pois, com a doutrina católica.
- A conversão dos judeus, prevista para o Quinto Império, não poderia acontecer, porque nas Escrituras se dizia que

só se converteriam depois da vinda do Anticristo, e, ainda, pelas mãos de Elias e Enoch.

As aplicações de textos sagrados eram constantemente contestadas como impertinentes. A paz, por exemplo, prometida para o Quinto Império, já fora dada por Jesus, segundo o que está escrito: "Glória a Deus nas alturas e paz na terra aos homens de boa vontade".

Vieira, além das doenças que o perseguiam fortemente, estava combalido por tantas deformações de seu pensamento: "os inquisidores lhe haviam feito força e violência notória, negando-lhe o direito natural de sua defesa, querendo-lhe tomar conta até dos pensamentos, e coisas futuras, arguindo-lhe nas perguntas que lhe foram feitas erros e conseqüências absurdas" (ibidem, pág. 359).

Os amigos o sustentavam, dizendo que melhoraria sua sorte, conforme o mesmo Bandarra avisara: " 'Vejo um alto engenho em uma roda triunfante', entendendo pela roda, a da dita fortuna, e pelo alto engenho, a ele réu, a quem posto que então estava abatido, tornaria ainda a levantar a própria roda". (ibidem)

As formulações de Vieira foram assim qualificadas pelo Inquisidor: "proposição não só temerária, mas escandalosa, ofensiva aos ouvidos pios e errônea... cheirando a heresia... cheirando a judaísmo, temerária, louca, escandalosa e improvável... injuriosa aos Santos Padres, à Sagrada Escritura, à Igreja... sacrílega...".

Mas ele não perde o controle. Teólogo e profundo conhecedor da Bíblia, retórico e formado no rigor do argumento, não dava tréguas ao adversário. Diante de uma acusação, fazia distinções, afirmando umas e negando outras, embaralhando o contendedor. A razão do mais forte, no entanto, é sempre a melhor (La Fontaine). Veio a sentença:

"Mandam que o réu Padre Antônio Vieira ouça sua sentença na sala do Santo Ofício na forma costumada, perante os Inquisidores e mais ministros e oficiais, algumas pessoas religiosas, e outras eclesiásticas do corpo da universidade, e seja privado para sempre de voz ativa e passiva, e do poder de pregar, e recluso no colégio ou casa de sua religião que o Santo Ofício lhe assinar, donde, sem ordem sua não sairá; e que por termo por ele assinado, obrigue-se a não tratar mais das proposições de que foi argüido no discurso de sua causa, nem de palavra, nem por escrito, sob pena de ser rigorosamente castigado. E que depois de assim publicada a sentença, o seja outra vez no seu colégio desta cidade por um dos Notários do Santo Ofício, em presença de toda a comunidade. E que da maior condenação, que por suas culpas merecia, o relevam, havendo respeito às sobreditas desistência e retratação e vários protestos que tinha feito de estar pela censura e determinação do Santo Ofício... .... E pague as custas" (*Os autos do processo de Vieira na Inquisição*, pág. 369-370).

Meio ano depois, a pena é comutada. Vieira só não poderia mais tratar das proposições de que fora argüido.

Vieira, porém, não se contentava com tão pouco. Humilhado por tanto tempo e convicto de que o Império português estava destinado a uma missão transcendente, seguiu para Roma: "Determino pleitear de novo a minha causa, e buscar em Roma a justiça que não achei em Portugal" (*Cartas*, t. II, pág. 290).

Em 1672, em carta a um amigo, expressa o que sente da Inquisição:

"A Inquisição é um tribunal santíssimo, e totalmente necessário, mas não pode ser santo, nem tribunal, governando-se com estilos ou injusto ou injustamente praticados, com irremediáveis danos, não digo já do temporal do reino, mas da inocência, da verdade e da mesma fé. Isto que digo a V.S.ª é certo e infalível, e todos os homens doutos e timoratos abominam e anatematizam tal modo de proceder, e lhe chamam não só injusto mas bárbaro, e se admiram e pasmam como haja príncipe cristão que tal consinta, e vassalos que tal sofram. Esta é a verdade pura e sincera, sem afetação nem paixão, e assim o sabem geralmente todas as pessoas de letras e de religião..." (ibidem, pág. 549).

Em 1674, o Papa o libera da Inquisição portuguesa e, em 1675, de toda e qualquer Inquisição. Uns vêem nisto revanche. Mas para Vieira devia soar como autorização para sonhar com o Quinto Império.

VIEIRA E OS JUDEUS

Vieira tratou os judeus sob dois olhares: o da fé e o da economia. Sob o olhar da fé, Vieira foi sempre o jesuíta teólogo escolástico, querendo provar que o Messias já viera. Sob o olhar da economia, Vieira foi o grande político, querendo convencer a Coroa e os portugueses das boas razões da abertura aos judeus. Há argumentos de toda ordem: religiosos, econômicos, estratégicos. Os dois olhares são indissociáveis: olhares de um português seiscentista que defende a fé católica e quer aumentar o Reino.

Vieira contrapõe judeus e hereges (protestantes) e quer provar que os primeiros são, em termos de fé, menos perigosos e, em termos financeiros, mais proveitosos:

"Pelas conveniências do comércio, admite Portugal (como se vê em Lisboa e em todas as cidades e portos marítimos) muitos hereges de Holanda, França e Inglaterra. Que muito é logo que se admitam e conservem homens de nação (judeus), sendo neles muito maiores as razões do nosso interesse? Tudo o que ganham os mercadores estrangeiros, enriquece as suas províncias e pátrias, e o que negociam os portugueses fica na nossa.

Verdadeiramente é dificultosíssima de entender a razão de estado de Portugal, porque, sendo um reino fundado todo no comércio, lança os seus mercadores para os reinos estranhos, e aos estranhos os admite dentro de si mesmo, para que o interesse da negociação e comércio venha a ser todo dos estranhos e nada seu. É evidente este argumento; porque o que os mercadores portugueses ganham nos reinos estranhos, lá fica, e o que os estranhos ganham no nosso, para lá vai.

Também vemos que não só consente Portugal, mas chama à sua conta e custa e está sustentando com excessivos soldos muitos hereges estrangeiros, entre os quais e os cristãos-novos há a diferença que uns vêm a levar-nos o dinheiro e outros no-lo vêm a trazer; uns publicamente são luteranos e calvinistas, e outros publicamente professam a Fé católica; uns profanam os templos e outros edificam-nos e enriquecem-nos; uns, se delinqüem publicamente contra a fé, dissimulamos-lho; e a outros tomamos-lhes as fazendas.

Finalmente, a heresia das outras nações é muito mais contagiosa que o judaísmo, porque o que está mais distante pega-se menos; e o judaísmo, como não confessa a Cristo, dista mais da Fé católica que as seitas dos outros hereges, que todos o confessam. E assim vemos que França, Alemanha, Inglaterra, Holanda e quase toda a Europa está infectada de heresias; e o judaísmo não passa de homens da mesma nação: pois se a necessidade da guerra nos obriga a admitir entre nós heresias mais contagiosas, por que não admitiremos os que são menos arriscados?

E não só não é contra a pureza da nossa santa Fé admitir os mercadores, homens de negócio e de nação, neste Reino, como até agora se tem mostrado, mas, consideradas bem as conseqüências e utilidades de sua admissão, será obra de grande serviço de Deus e aumento da mesma Fé.

Porque, estando (como estão por nossos pecados) ocupadas pelos hereges holandeses tantas partes das nossas Conquistas, onde florescia a Fé católica, é tão certo como digno de lástima que não só nos gentios convertidos e cristãos daquelas Conquistas se tem ateado o fogo das heresias e abrasado as novas searas de Cristo, mas também pela vizinhança, conversação, largueza de vida, falta de doutrina e sacramentos se vão introduzindo os mesmos erros nos Portugueses e seus filhos, de que se têm achado muitos exemplos em Pernambuco e em outras partes. Pois se, admitidos os homens de negócio, se espera que terá forças o Reino com que conquistar e restituir a Vossa Majestade e à Fé aquelas praças e as do Brasil e Índia, por que se enjeitarão os meios tão eficazes de conseguir um fim tão católico e piedoso?

Se o dinheiro dos homens de nação está sustentando as armas dos hereges, para que semeiem e estendam as seitas de Lutero e Calvino pelo mundo, não é maior serviço de Deus e da Igreja que sirva este mesmo dinheiro às armas do rei mais católico, para propagar e dilatar pelo mundo a Lei e a Fé de Cristo?" (*Aspectos do Padre Antônio Vieira*, pág. 128).

Em carta de 1671 (II, 375), assim se expressa Vieira:

"Lancem-se de Portugal os judeus, os sacrilégios, as ofensas de Deus, e fiquem em Portugal os mercadores, o comércio, a opulência, e tenham de aqui por diante separados a doutrina, que nunca tiveram até agora, e os que se converterem serão verdadeiros cristãos, e os demais importa pouco que vão o inferno de aí ou de outra parte, como de aqui vão também aos pés de São Pedro.

Pergunto a V. S.ª pelo amor de Deus, pelo amor da fé, e pelo amor do Príncipe: Qual é melhor? Judeus declarados ou judeus ocultos? Judeus que se casem com cristãs velhas ou judeus que não casem? Judeus que confessem e comunguem sacrilegamente, ou judeus que não façam sacrilégios? Judeus que afrontem a Nação, ou judeus que a não afrontem? Judeus que enriqueçam Itália, França, Inglaterra e Holanda, ou judeus que enriqueçam a Portugal? Judeus que com seus cabedais ajudem os hereges a tomar as conquistas e impedir a propagação da fé e propagar a heresia, ou judeus que com os mesmos cabedais ajudem as armas do príncipe mais católico a recuperar as mesmas conquistas, e dilatar a fé por todo o mundo? Assim o tinha determinado El-Rei, que *está no céu, e não o fez, porque não tinha paz nem acesso ao Pontífice* (...) (*Cartas*, t. II, pág. 375).

Como permitir a convivência com os judeus, no contexto português seiscentista? Vieira continua:

"O modo da execução é assinalarem-se bairros, onde esta gente viva, e certo tempo em que se declare, sendo moralmente infalível que todo o que for judeu (pois se não afrontam antes se prezam da sua lei) se declarará, como fazem em toda a parte onde têm a dita liberdade: e os que forem verdadeiros cristãos serão conhecidos por tais, ficando sujeitos às penas do Santo Ofício, como até agora" (ibidem, pág. 375).

VIEIRA E AS MISSÕES

A missão, para Vieira, teve duas dimensões: a conversão e a liberdade dos índios. A primeira se referia à expansão da fé cristã, da forma como a entendiam os portugueses seiscentistas. A segunda se referia às condições para que a fé pudesse ser levada, recebida e sustentada. A primeira tinha aprovação unânime. A segunda, mais se dirigia contra os portugueses. Uma condicionava a outra: recíprocas e inseparáveis.

A convicção da necessidade de conversão dos índios procedia da visão sagrada de sociedade, que tinham os portugueses. Estender a fé era a missão de Portugal: "o reino de Portugal, enquanto reino e enquanto monarquia, está obrigado, não só de caridade, mas de justiça, a procurar efetivamente a conversão e salvação dos gentios... Tem esta obrigação Portugal enquanto reino, porque este foi o fim particular para que Cristo o fundou e instituiu, como consta da mesma instituição" (*Sermões*, t. VII, pág. 387). Reis, governadores, juízes, padres, todo o povo assim o concebia. Nessa época, nem havia possibilidade de se pensar diferentemente.

Sob a responsabilidade da Coroa portuguesa, os índios, desconhecedores da fé cristã, tinham agora que ser trazidos à *santa fé católica*. Esta a missão. Daí os problemas.

Como missionário na Amazônia, por largos nove anos, navegando ora para uma parte ora para outra... percorreu catorze mil léguas, e muito mais, não contando outras muitas viagens por lugares desertos e florestas inacessíveis, feitas sempre a pé, e as vinte vezes que atravessou o mar Atlântico... (*Cartas*, t. III, pág. 371) Responsável que era pela missão, "em distância de quatrocentas léguas levantou dezesseis igrejas, fazendo catecismos em sete línguas diferentes (ibidem, pág. 667). Esteve em contato com as mais diversas nações indígenas da região: "Tapuias, Tabajaras, Nheengaíbas, Cambocas, Mapuás, Mamaianases, Aruans, Anaiás, Gujarás, Pixipixis, Potiguaras, Catingas, Boseas, Jurunas, Pazaís, Nondanas, Tapajós, Arnaquizes, Tricujus" (*Aspectos do Padre Antônio Vieira*, pág. 209).

A vontade de converter era, simultaneamente, vontade de aportuguesar, ou seja, tirar os bárbaros costumes e civilizar. A paixão missionária era ardente e sincera. O caminho não havia outro: era a Igreja portuguesa. Quando Vieira se encontra com nheengaíbas e mamaianases, tidos como *os mais belicosos da conquista*, o que fez? "Formado já um bastante congresso de principais, deram os padres larga notícia do novo estado das coisas: praticaram-lhes as novas leis, que de Portugal mandara em favor de todas aquelas nações o augustíssimo rei: que aquele soberano os estimava igualmente que aos portugueses, como verdadeiros vassalos seus; que sentia de uns e outros o estrago, e que se perpetuassem de pais a filhos as hostilidades, as ruínas e as lágrimas; que lhes mandava padres a lhes ensinar o caminho da salvação, para o que, saindo daquelas incultas brenhas, se ajuntassem em aldeias e vivessem livres como homens e não como feras; que era já tempo de acabarem tantos ódios, e que sendo eles membros da mesma monarquia, deviam unir-se ao demais corpo, para participarem dos mesmos espíritos e vida: que na concórdia consistia a conservação de todos, e na desunião a ruína" (*A Vida do Padre Antônio Vieira*, pág. 176).

Não havia outro jeito: a mensagem cristã estava acondicionada no modelo português de civilização. Missionários e índios só falavam e entendiam o periférico: uns, porque as falas da fé eram culturalmente estranhas; outros, porque sua organização social lhes parecia ter direito de imposição;

estes, porque o discurso, o acompanhavam com as armas; aqueles por não verem nos portugueses nenhum exemplo do que se lhes propunha. Nesse ambiente, congratulava-se o missionário com as conversões e sujeições, embora sabendo-as frágeis.

A segunda dimensão da missão, para Vieira, era a da liberdade dos índios. O português estava aqui para tirar proveito. Isto significava ter mercadoria barata, que vendesse na Europa com grande lucro. Quando Vieira desembarcou no Maranhão, já haviam se passado cento e cinqüenta anos da descoberta. Não se davam mais *primeiros* encontros, pois que ações e reações já estavam marcadas pelos contatos mútuos.

Os portugueses praticaram, desde a chegada, a caça aos índios, em busca de mão-de-obra. Era violência pura. Vieira, em informação ao Conselho Ultramarino, escreve: "e toda aquela imensidade de gente se acabou ou nós a acabamos em pouco mais de trinta anos, sendo constante estimação dos mesmos conquistadores que, depois de sua entrada até aquele tempo, eram mortos dos ditos índios mais de dois milhões de almas" (*Escritos fundamentais sobre os índios*, pág. 86).

A discussão jurídica e teológica sobre a escravização dos índios, assentada no argumento da justiça ou injustiça da guerra, discussão que envolveu todo o Reino, não tinha sentido para os índios. Chamassem-na de *sujeição* ou de *resgate*, o que importava aos índios era não se verem molestados na sua forma de viver. E o eram!

Vieira, como aliás toda a Companhia, defendia a liberdade. Logo à chegada ao Maranhão, com a publicação da real lei da liberdade dos índios, houve tumulto contra os jesuítas. Do púlpito, Vieira incrimina a gente da terra por ter índios cativos, mas faz um acerto quanto à forma de pagamento do seu trabalho: "O dinheiro desta terra é pano de algodão, e o preço ordinário por que servem os índios, e servirão cada mês, são duas varas deste pano, que valem dois tostões!" (*Sermões*, t. XXI, pág. 195).

A defesa intransigente da liberdade dos índios levou à expulsão dos jesuítas do Maranhão. Em carta a D. Afonso VI, assim escreve: "Ficam os padres da Companhia de Jesus do Maranhão, missionários de Vossa Majestade, expulsados das aldeias dos índios, e lançados fora do Colégio e presos em uma casa secular..." (*Cartas*, t. I, pág. 583).

Mandado de volta a Portugal, assim terminou o período missionário de Vieira. Não terminou, porém, seu interesse pela causa. Sua defesa, ele a faz calcado, como os teólogos e canonistas, no critério da justiça ou injustiça da guerra de cativeiro. Era um critério que apaziguava os missionários, convencia a Corte, favorecia os conquistadores, mas que, para o índio, não resolvia a situação. Seu resgate só se resolveria com a escravização do negro. Ficaria, assim, tranqüila a consciência, e mais tranqüila a Colônia.

VIEIRA E OS ÍNDIOS

A preocupação maior de Vieira era garantir aos índios um bom trato por parte dos portugueses, que permitisse, por parte deles, a aceitação da fé cristã, de modo a poderem se salvar. Esta, como vimos, era a mentalidade da época; esta a obra a que os jesuítas por primeiro se dedicavam.

Para se conhecer melhor esta mentalidade, cito passagens que apreendem aspectos variados da questão. A primeira citação é tirada de uma carta a Dom João IV:

"Tornando aos índios do Pará, dos quais, como dizia, se serve quem ali governa como se foram seus escravos, e os traz quase todos ocupados em seus interesses, principalmente no dos tabacos, obriga-me a consciência a manifestar a V. M. os grandes pecados que por ocasião deste serviço se cometem.

Primeiramente nenhum destes índios vai senão violentado e por força, e o trabalho é excessivo, e em que todos os anos morrem muitos, por ser venenosíssimo o vapor do tabaco: o rigor com que são tratados é mais que de escravos; os nomes que lhes chamam e que eles muito sentem, feiíssimos; o comer é quase nenhum; a paga tão limitada que não satisfaz a menor parte do tempo nem do trabalho; e como os tabacos se lavram sempre em terras fortes e novas, e muito distante das aldeias, estão os índios ausentes de suas mulheres, e ordinariamente eles e elas têm mau estado, e os filhos sem quem os sustente, porque não têm os pais tempo para fazer suas roças, com que as aldeias estão sempre em grandíssima fome e miséria.

Também assim ausentes e divididos não podem os índios ser doutrinados, e vivem sem conhecimento da fé, nem ouvem missa nem a têm para ouvir, nem se confessam pela quaresma, nem recebem nenhum outro sacramento, ainda na morte; e assim morrem e se vão ao inferno, sem haver quem tenha cuidado de seus corpos nem de suas almas, sendo juntamente causa estas crueldades de que muitos índios já cristãos se ausentam de suas povoações, e se vão para a gentilidade, e de que os gentios do sertão não queiram vir para nós, temendo-se do trabalho a que os obrigam, a que eles de nenhum modo são costumados, e assim se vêm a perder as conversões e os já convertidos..." (*Cartas*, t. I, pág. 416).

As cartas ao rei traduzem, melhor que as cartas aos confrades, a situação social dos índios, porque a ela só um governo diferente poderia atender e este depende da vontade real. Em carta escrita no ano de 1653 (t. I, pág. 306), que usaremos neste subtítulo, Vieira dá conta ao Rei da situação do Maranhão. "Os moradores deste novo mundo" ou são portugueses ou índios. Destes, uns, vivendo no sertão, são gentios; outros, vivendo entre portugueses, são batizados: uns são livres, outros *cativos*. Dois são os males dos portugueses: primeiro, o abuso do cativeiro dos índios, "sem os quais eles de nenhuma maneira se podem sustentar"; segundo, a falta das condições espirituais:

"Os portugueses, Senhor, vivem nestas partes em necessidade espiritual pouco menos que extrema, com grande falta de doutrina e de sacramentos, havendo muitos deles que não ouvem missa nem pregação em todo o ano pela não terem, nem sabem os dias santos para os guardarem, nem os guardam, ainda que os saibam, nem há quem a isso os obrigue; o qual desamparo é ainda maior nas mulheres, filhos e filhas, morrendo não poucas vezes uns e outros sem confissão.

Os índios, que com eles vivem, estão em pior estado pela miséria de seu estado e pela natural rudeza de quase todos. A maior parte dos cativeiros é injusta. O Rei deve mandar totalmente cerrar os sertões e proibir resgates, e declarar por livres a todos os já resgatados. A única razão para entradas no sertão é a conversão dos gentios e sua sujeição à Igreja e à Coroa. Até os índios que vivem nas aldeias, com títulos de livres, são escravos, a serviço do governador ou capitão-mor."

Vieira faz ressalvas em relação à disponibilidade dos índios para serviços de S.M., como construir fortificações, mas defende intransigentemente a liberdade deles.

Sua visão, comum à época, era fazer com que os índios, cristianizando-se, tivessem as condições sociais de pertencer à sociedade, no caso, à sociedade portuguesa. Ser cristão era título de cidadania. Haveria lugar para eles? Para tanta gente?

"Os índios do sertão, segundo as informações que há, são muitos por todos estes rios, e no rio das Amazonas, inumeráveis. Em todos estes é verdadeiramente extrema a necessidade espiritual que padecem, na qual necessidade obriga, sob pena de pecado, a caridade cristã, a que sejam prontamente socorridos de ministros do Evangelho, que lhes ensinem o caminho da salvação: e esta obrigação, Senhor, em V.M. e nos ministros de V.M., a quem toca por razão de seu ofício, é dobrada obrigação; porque não só é de caridade, senão de justiça, pelo contrato que os sereníssimos reis antecessores de V.M. fizeram com os Sumos Pontífices, e obrigação que tomaram sobre si de mandarem pregar a fé em todas as terras de suas conquistas".

Pregação por parte dos missionários e liberdade por parte do rei e dos moradores da terra. A solução seria simples, se motivos mais fortes não falassem a esses moradores. Qual a solução?

"...se os índios mal cativos se puserem em liberdade; se os das aldeias viverem como verdadeiramente livres, fazendo suas lavouras e servindo somente por sua vontade e por seu estipêndio; e se as entradas, que se fizerem ao sertão, forem com verdadeira e não fingida paz, e se pregar aos índios a fé de Jesus Cristo, sem mais interesse que o que ele veio buscar ao mundo, que são as almas, e houver quantidade de religiosos que aprendam as línguas, e se exercitem neste ministério com verdadeiro zelo; não há dúvida que, concorrendo a graça divina com esta disposição dos instrumentos humanos, os índios se reduzirão facilmente à nossa amizade, abraçarão a fé, viverão como cristãos, e com as novas do bom tratamento dos primeiros trarão estes após de si muitos outros, com que além do bem espiritual seu, e de todos seus descendentes, terá também a república muitos índios que a sirvam e que a defendam..."

No ano seguinte, diz mais organizadamente ao rei o que se deve mandar a respeito dos índios. São dezenove artigos, claros nos seus objetivos. Vieira põe como condição *sine qua non* a não dependência em relação aos governadores. Em carta de dezembro do ano seguinte, que provavelmente o rei não conheceria, pelo seu falecimento, Vieira sintetiza em dez artigos as necessidades das missões.

Referindo-se à entrega da missão de Cabo Verde e Costa da Guiné aos padres capuchinhos, escreve:

"Mas qualquer que seja a Religião a que V.M. encomendar a conversão deste Estado, se ela e os índios não estiverem independentes dos que governarem, V.M. pode estar mui certo que nunca a conversão irá por diante, nem nela se farão os empregos que a grandeza da conquista promete..."

Na verdade, triunfou a lei do mais forte, mesmo que a lei régia mandasse o contrário. Vieira até o fim trabalhou, inclusive junto às instâncias maiores do Reino, em favor da liberdade dos índios.

VIEIRA E OS
NEGROS ESCRAVOS

Um dos pontos mais difíceis para nosso entendimento é a aceitação da escravização dos negros. Fato era, porém, na sociedade portuguesa de então. Dava-se como natural. Não poucas vezes, argumentava-se com o benefício que trazia a presença de alguns escravos, fosse para desincumbir os padres dos cuidados da casa, fosse por outros serviços.

O negro era visto como destinado por Deus ao serviço dos outros. Ele ocupava um lugar social, o último por certo, mas sem ele a sociedade não estaria completa. Devia compreender que Deus o queria e o queria assim, de modo que sua função completasse o que faltava ao conjunto de funções do reino. Não era a função que era nobre: o exercício, este era nobre, servindo de caminho para a salvação. O texto seguinte (*Sermões*, t. IX, pág. 250) é sumamente ilustrativo.

"Começando, pois, pelas obrigações que nascem do vosso novo e tão alto nascimento, a primeira e maior de todas é que deveis dar infinitas graças a Deus por vos ter dado conhecimento de si, e por vos ter tirado de vossas terras, onde vossos pais e vós vivíeis como gentios, e vos ter trazidos a esta, onde, instruídos na fé, vivais como cristão e vos salveis. Fez Deus tanto caso de vós, e disto mesmo que vos digo, que mil anos antes de vir ao mundo, o mandou escrever nos seus livros, que são as Sagradas Escrituras. – Virá tempo, diz Davi, em que os etíopes – que sois vós – deixada a gentilidade e idolatria, se hão de ajoelhar diante do verdadeiro Deus... E quando se cumpriram estas duas profecias? Cumpriram-se principalmente depois que os portugueses conquistaram a Etiópia ocidental, e estão se cumprindo hoje, mais e melhor que em nenhuma outra parte do mundo nesta da América, aonde trazidos os mesmos etíopes em tão inumerável número, todos com os joelhos em terra, e com as mãos levantadas ao céu, crêem, confessam e adoram no Rosário da Senhora todos os mistérios da Encarnação, Morte e Ressurreição do Criador e Redentor do mundo, como verdadeiro Filho de Deus e da Virgem Maria. ...antevendo esta vossa fé, esta vossa piedade e esta vossa devoção, vos escolheu (Deus) de entre tantos outros de tantas e diferentes nações, e vos trouxe ao grêmio da Igreja, para que lá, como vossos pais, vos não perdêsseis, e cá, como filhos seus, vos salvásseis. Este é o maior e mais universal milagre de quantos fez cada dia, e tem feito por seus devotos à Senhora do Rosário."

E mais adiante, no mesmo *Sermão*, estas palavras que retratam, contrastantemente, a identificação do escravo com Jesus Cristo:

"Em um engenho sois imitadores de Cristo crucificado: *Imitatoribus Christi crucifixi* – porque padeceis em um modo muito semelhante o que o mesmo Senhor padeceu na Sua cruz e em toda a Sua paixão. A Sua cruz foi composta de dois madeiros, e a vossa em um engenho é de três. Também ali não faltaram as canas, porque duas vezes entraram na Paixão: uma vez servindo para o cetro de escárnio, e outra vez para a esponja em que lhe deram o fel. A Paixão de Cristo parte foi de noite, sem dormir, parte foi de dia sem descansar, e tais são as vossas noites e os vossos dias. Cristo despido, e vós despidos; Cristo sem comer, e vós famintos; Cristo em tudo maltratado, e vós maltratados em tudo. Os ferros, as prisões, os açoites, as chagas, os nomes afrontosos, de tudo isto se compõe a vossa imitação, que, se for acompanhada de paciência, também terá merecimento de martírio. Só lhe faltava à cruz para a inteira e perfeita semelhança o nome de engenho: mas este mesmo lhe deu Cristo, não com outro, senão com o próprio vocábulo. *Torcular* se chama o vosso engenho, ou a vossa cruz, e a de Cristo, por boca do mesmo Cristo, se chamou também *torcular: Torcular calcavi solus.* – Em todas as invenções e instrumentos de trabalho parece que não achou o Senhor outro que mais parecido fosse como seu que o vosso. (...)

E como a natureza gerou os pretos da mesma cor da sua fortuna: *Infelix genus hominum, et ad servitutem natum* – quis Deus que nascessem à fé debaixo do signo da sua Paixão e que ela, assim como lhes havia de ser o exemplo para a paciência, lhes fosse também o alívio para o trabalho. Enfim, que de todos os mistérios da Vida, Morte e Ressurreição de Cristo, os que pertencem por condição aos pretos, e como por herança, são os dolorosos.

(...) Mas, assim como entre todos os mistérios do Rosário estes são os que mais propriamente pertencem aos pretos, assim entre todos os pretos os que mais particularmente os devem imitar e meditar são os que servem e trabalham nos engenhos, pela semelhança e rigor do mesmo trabalho. Encarecendo o mesmo Redentor o muito que padeceu em sua sagrada Paixão, que são os mistérios dolorosos, compara as suas dores às penas do inferno: *Dolores inferni circumdederunt me.* E que coisa há na confusão deste mundo mais semelhante ao inferno que qualquer destes vossos engenhos, e tanto mais quanto de maior fábrica? Por isso foi tão bem recebida aquela breve e discreta definição de quem chamou a um engenho de açúcar doce inferno. E, verdadeiramente, quem vir na escuridade da noite aquelas fornalhas tremendas perpetuamente ardentes; as labaredas que estão saindo a borbotões de cada uma, pelas duas bocas ou ventas por onde respiram o incêndio; os etíopes ou cíclopes banhados em suor, tão negros como robustos, que

81

sominístram a grossa e dura matéria ao fogo, e os forcados com que o revolvem e atiçam; as caldeiras, ou lagos ferventes, com os cachões sempre batidos e rebatidos, já vomitando escumas, já exalando nuvens de vapores mais de calor que de fumo, e tornando-os a chover para outra vez os exalar; o ruído das rodas, das cadeias, da gente toda da cor da mesma noite, trabalhando vivamente, e gemendo tudo ao mesmo tempo, sem momento de tréguas nem de descanso; quem vir, enfim, toda a máquina e aparato confuso e estrondoso daquela Babilônia, não poderá duvidar, ainda que tenha visto Etnas e Vesúvios, que é uma semelhança de inferno. Mas, se entre todo esse ruído, as vozes que se ouvirem forem as do Rosário, orando e meditando os mistérios dorosos, todo esse inferno se converterá em paraíso, o ruído em harmonia celestial, e os homens, posto que pretos, em anjos.

(...) Os dolorosos – ouçam-me agora todos – os dolorosos são os que vos pertencem a vós, como os gozosos aos que, devendo-vos tratar como irmãos, se chamam vossos senhores. Eles mandam, e vós servis; eles dormem, e vós velais; eles descansam, e vós trabalhais; eles gozam o fruto de vossos trabalhos, e o que vós colheis deles é um trabalho sobre outro."

VIEIRA E A CORRUPÇÃO NO GOVERNO

O trabalho diplomático era, para Vieira, um lugar de exercício de sua missão. Jesuíta, tudo fazia visando a um mesmo fim, a glória de Deus. Em muitos textos se encontram testemunhos da pobreza que, por voto, assumira. Mesmo como embaixador do rei, tendo à sua disposição verba abundante de representação, não a gastava. Não agia assim senão por convicção religiosa. Por isto, podia Vieira criticar o mau uso dos bens que deveriam ser postos em favor de todos, bens de todos usados em proveito particular. *O Sermão do Bom Ladrão*, (t. V, pág. 101) proferido perante o rei, em 1655, é um exemplo de sua palavra de profeta que castiga os costumes:

"Nem os reis podem ir ao paraíso sem levar consigo os ladrões, nem os ladrões podem ir ao inferno sem levar consigo os reis. ...O que vemos praticar em todos os reinos do mundo é, em vez de os reis levarem consigo os ladrões ao paraíso, os ladrões são os que levam consigo os reis ao inferno. ...Prosseguirei com tanto maior esperança de produzir algum fruto, quanto vejo enobrecido o auditório de tantos ministros de todos os maiores tribunais, sobre cujo conselho e consciências se costumam descarregar as dos reis.

(...) Navegava Alexandre com uma poderosa armada pelo mar Eritreu a conquistar a Índia; e como fosse trazido à sua presença um pirata, que por ali andava roubando os pescadores, repreendeu-o muito Alexandre de andar em tão mau ofício; porém ele que não era medroso nem lerdo, respondeu assim: 'Basta, senhor, que eu, porque roubo em uma barca, sou ladrão, e vós, porque roubais em uma armada, sois imperador?!' Assim é. O roubar com pouco poder faz os piratas, o roubar com muito, os Alexandres. Mas Sêneca, que sabia bem distinguir as qualidades e interpretar as significações, a uns e outros definiu com o mesmo nome: '*Eodem loco pone latronem, et piratam quo regem animum latronis et piratae habentem*' (Põe o ladrão e o pirata no mesmo lugar que o rei que tiver as características do ladrão e do pirata). Se o rei de Macedônia, ou qualquer outro, fizer o que faz o ladrão e o pirata; o ladrão, o pirata e o rei, todos têm o mesmo lugar e merecem o mesmo nome.

Quando li isto em Sêneca não me admirei tanto de que um filósofo estóico se atrevesse uma tal sentença em Roma, reinando nela Nero. O que mais me admirou e quase envergonhou, foi que os nossos oradores evangélicos em tempo de príncipes católicos e timoratos, ou para a emenda, ou para a cautela, não preguem a mesma doutrina. (...)

Não são só ladrões, diz o santo (São Basílio), os que cortam bolsas e espreitam os que se vão banhar, para lhes colher as roupas; os ladrões que mais própria e dignamente merecem este título são aqueles a quem os reis encomendam os exércitos e legiões, ou o governo das províncias, ou a administração das cidades, os quais já com manha, já com força roubam e despojam os povos. Os outros ladrões roubam um homem, estes roubam cidades e reinos; os outros furtam debaixo do seu risco, estes sem temor, nem perigo: os outros, se furtam, são enforcados, estes furtam e enforcam. Diógenes que tudo via com mais aguda vista que os outros homens viu que uma grande tropa de varas e ministros da justiça levava a enforcar uns ladrões e começou a bradar: 'Lá vão os ladrões grandes a enforcar os pequenos...'

O que eu posso acrescentar pela experiência que tenho é que não só do Cabo da Boa Esperança para lá, mas também da parte de aquém, se usa igualmente a mesma conjugação. Conjugam por todos os modos o verbo *rapio* (roubar), não falando em outros novos e esquisitos que não conheceu Donato nem Despautério. Tanto que lá chegam começam a furtar pelo modo indicativo, porque a primeira informação que pedem aos práticos, é que lhes apontem e mostrem os caminhos por onde podem abarcar tudo. Furtam pelo modo imperativo, porque, como têm o misto e mero império, todo ele aplicam despoticamente às execuções da rapina. Furtam pelo modo mandativo, porque aceitam quanto lhes mandam; e para que mandem todos, os que não mandam não são aceitos. Furtam pelo modo optativo, porque desejam quanto lhes parece bem: e gabando as coisas desejadas aos donos delas por cortesia, sem vontade as fazem suas. Furtam pelo modo conjuntivo, porque ajuntam o seu pouco cabedal com o daqueles que manejam muito; e basta só que ajuntem a sua graça, para serem, quando menos, meeiros na ganância. Furtam pelo modo permissivo, porque permitem que outros furtem, e estes compram as permissões. Furtam pelo modo infinito, porque não tem fim o furtar com o fim do governo, e sempre lá deixam raízes, em que se vão continuando os furtos. Estes mesmos modos conjugam por todas as pessoas; porque a primeira pessoa do verbo é a sua, as segundas os seus criados e as terceiras quantas para isso têm indústria e consciência. Furtam juntamente por todos os tempos, porque do presente (que é o seu tempo) colhem quanto dá de si o triênio; e para incluírem no presente o pretérito e o futuro, do pretérito desenterram crimes, de que vendem os perdões e dívidas esquecidas, de que se pagam inteiramente; e do futuro empenham as rendas, e antecipam os contratos, com que tudo o caído e não caído lhes vem a cair nas mãos. Finalmente nos mesmos tempos não lhes escapam os imperfeitos, perfeitos, pluquam perfeitos, e quais outros, porque furtam, furtavam, furtaram, furtariam e haveriam de furtar mais, se mais houvesse. Em suma, o resumo de toda esta rapante conjugação vem a ser o supino do mesmo verbo: a furtar, para furtar. E quando eles têm conjugado assim toda a voz ativa, e as miseráveis províncias suportado toda a passiva, eles, como se tiveram feito grandes serviços, tornam carregados e ricos; e elas ficam roubadas e consumidas. ...Assim, se tiram da Índia quinhentos mil cruzados; da Angola, duzentos; do Brasil, trezentos, e até do pobre Maranhão, mais do que vale todo ele.

(...) Antigamente os que assistiam ao lado dos príncipes chamavam-se *laterones*. E depois, corrompendo-se este vocábulo, como afirma Marco Varro, chamaram-se *latrones* (ladrões). E que seria se assim como se corrompeu o vocábulo, se corrompessem também os que o mesmo vocábulo significa? O que só digo e sei, por teologia certa, é que em qualquer parte do mundo se pode verificar o que Isaías diz dos príncipes de Jerusalém: '*Principes tui socii furum*'; os teus príncipes são companheiros dos ladrões. E por quê? São companheiros dos ladrões, porque os dissimulam; são companheiros dos ladrões, porque lhes dão os postos e poderes; são companheiros dos ladrões, porque talvez os defendem; e são finalmente seus companheiros, porque os acompanham e hão de acompanhar ao inferno, onde os mesmos ladrões os levam consigo".

Mas já houvera pregado tais coisas na Bahia, perante o vice-rei, em 1641. Há que se ler!

"Perde-se o Brasil, Senhor (digamo-lo em uma palavra) porque alguns Ministros de Sua Majestade não vêm para cá buscar nosso bem, vêm buscar nossos bens... El-rei manda-os tomar Pernambuco e eles contentam-se com o tomar. Este tomar o alheio é a origem da doença. Toma nesta terra o ministro da justiça? Sim, toma. Toma o ministro da república? Sim, toma. Toma o ministro do Estado? Sim, toma. E como tantos sintomas lhe sobrevêm ao pobre enfermo, e todos acometem à cabeça e ao coração, que são as partes mais vitais, e todos são atrativos e contrativos do dinheiro, que é o nervo dos exércitos e das repúblicas, fica tomado todo o corpo, e tolhido de pés e mãos, sem haver mão esquerda que castigue, nem mão direita que premeie; e faltando a justiça punitiva para expelir os humores nocivos, e a distributiva para alentar e alimentar o sujeito, sangrando-o por outra parte os tributos em todas as veias, milagre é que não tenha expirado.

Com terem tão pouco do Céu os ministros que isto fazem, têmo-los retratados nas nuvens. Aparece uma nuvem no meio daquela Bahia, lança uma manga ao mar, vai sorvendo por oculto segredo da natureza grande quantidade de água, e depois que está bem cheia, depois que está bem carregada, dá-lhe o vento, e vai chover daqui a trinta, daqui a cinqüenta léguas. Pois, nuvem ingrata, nuvem injusta, se na Bahia tomaste essa água, se na Bahia te encheste, por que não choves também na Bahia? Se a tiraste de nós, por que a não despendes conosco? Se a roubaste a nossos mares, por que a não restituis a nossos campos? Tais como isto são os ministros que vêm ao Brasil – e é fortuna geral das partes ultramarinas. Partem de Portugal estas nuvens, passam as calmas da Linha, onde se diz que também refervem as consciências, e em chegando, *verbi gratia*, a esta Bahia, não fazem mais que chupar, adquirir, ajuntar, encherse (por meios ocultos, mas sabidos), e ao cabo de três ou quatro anos, em vez de fertilizarem a nossa terra com a água que era nossa, abrem as asas ao vento, e vão chover a Lisboa, esperdiçar a Madrid. Por isto nada lhe luz ao Brasil, por mais que dê, nada lhe monta e nada lhe aproveita, por mais que faça, por mais que se desfaça. E o mal mais para sentir de todos é que a água que por lá chovem e esperdiçam as nuvens não é tirada da abundância do mar, como noutro tempo, senão das lágrimas do miserável e dos suores do pobre, que não sei como atura já tanto a constância e fidelidade destes vassalos. O que o Brasil dá, Portugal o leva. Tudo o que der a Bahia, para a Bahia há de ser: tudo o que se tirar do Brasil, com o Brasil se há de gastar".

Respondendo a Dom João IV sobre a conveniência de ter a Bahia dois capitães-mores ou apenas um governador, escreve Vieira em 1654:

"Digo que menos mal será um ladrão que dois; e que mais dificultosos serão de achar dois homens de bem que um. (...) Assim que, Senhor, consciência e mais consciência é o principal e único talento que se há de buscar nos que vierem governar este Estado. Se houvesse dois homens de consciência, e outros que lhe sucedessem, não haveria inconvenientes em estar o governo dividido" (*Cartas*, t. I, pág. 416).

VIEIRA E A HISTÓRIA

O século XVII, com a experiência de mudanças radicais, se comparado com os séculos medievais, teve uma percepção diferente da história. Não se tratava mais de representar, isto é, de pôr presente de novo, em novas figuras, a verdade eterna, mas de apresentar a sucessão de fatos como fatos com significado próprio, gerados pela ambição humana.

Fazer história não é mais narrar as representações, fiéis intérpretes do estabelecido por Deus. Fazer história, agora, é analisar, observar possíveis intenções e interpretações, desconfiar da verdade pronta. Vieira escreve:

"E digo que sem injúria nem agravo de todas as outras histórias humanas, porque, como bem terão advertido os mais lidos e versados, assim nas antigas como nas modernas, todas elas estão cheias, não só de cousas incertas e improváveis, mas alheias e encontradas com a verdade, e conhecidamente supostas e falsas, ou por culpas ou sem culpas dos mesmos historiadores.

Que o historiador há ou pode haver, por mais diligente investigador que seja dos sucessos presentes ou passados, que não escreva por informação? E que informações há de homens, que não vão envoltas em muitos erros, ou da ignorância, ou da malícia? Que historiador há de tão limpo coração e tão inteiro amador da verdade, que o não incline só o respeito, a lisonja, a vingança, o ódio, o amor, ou da sua, ou de alheia nação, ou do seu ou de estranho príncipe? Todas as penas nasceram em carne e sangue, e todos na tinta de escrever misturam a tinta do seu afeto. (...) Quem quiser ver claramente a falsidade das histórias humanas, leia a mesma história por diferentes escritores, e verá como se encontram, se contradizem e se implicam no mesmo sucesso, sendo infalível que um só pode dizer a verdade e certo que nenhum a diz" (*Aspectos do Padre Antônio Vieira*, pág. 273).

REFLEXÃO E DEBATE

1. Como Vieira trabalha a Restauração de Portugal?
2. A Inquisição era um tribunal em defesa da pureza da fé. Por isto combatia os hereges. Como justificava este combate?
3. Os jesuítas foram enérgicos defensores da liberdade dos índios. Por que não se defendia a liberdade dos negros?
4. Os judeus sofreram discriminação na sociedade européia. Qual era a visão que Vieira tinha dos judeus?
5. Vieira muitas vezes faz referência ao perigo da "heresia" (protestantismo), apesar de não existir em Portugal. Em que a "heresia" ameaçava a sociedade portuguesa?

Anexos

A Inquisição

Entender o que foi a Inquisição pressupõe conhecê-la no seu contexto. Isto impede que a olhemos, anacronicamente, com nossos critérios e experiência social.

Na sociedade européia medieval, por inteiro sagrada, em que todos tinham a missão da salvação do próximo, era compreensível a preocupação com a interpretação da verdade revelada, com a pureza da fé e dos costumes. Todos os tipos de atividade social eram sobredeterminados pelo caráter religioso. Isto significava vigilância sobre apostasias, heresias, cismas, desvios na fé e no comportamento. Vigilância sobre os escritos de toda ordem e sobre as pregações, vigilância sobre os pecados, dentre os quais chamavam a atenção a superstição, a feitiçaria, a idolatria, a sodomia.

Para realizar esta tarefa, o Papa criou um tribunal especial, a que se deu o nome de Santo Ofício ou Santa Inquisição. Santo, porque guardião da fé, esteio da sociedade. Preservar a fé significava preservar a ordem social.

Na realidade, as relações diplomáticas entre Roma e os reis católicos não se pautavam simplesmente pelas exigências da fé. Interesses sobretudo de poder levavam os reis a negociar a criação desse Tribunal em suas possessões. Em Portugal, por exemplo, o medo da classe aristocrática de perder seus privilégios, em favor da burguesia nascente, possuidora de capital (leia-se judeus), e a vontade do rei de controlar a Igreja (bispos e clero) em seus domínios, levaram ao estabelecimento da Inquisição. Roma não cedia ao rei o controle pleno do Tribunal, mas, com ele, firmavam-se as bases do principal objetivo.

Em Portugal nem o judaísmo e nem o islamismo, motivos da instalação da Inquisição em outras terras, tinham logrado se impor. Tampouco o protestantismo, a heresia do século XVI. Por isto não havia razão explícita para nele se instalar esse tribunal. Os judeus serviriam de pretexto para tanto.

Os judeus, com efeito, por muitas razões históricas, tinham se tornado sinal de contradição. O fato de serem estrangeiros, de ocuparem posições de destaque nos governos e nas ciências, de capitalizarem riquezas imensas, de pugnarem pela liberdade de religião e de cultura, fez deles objeto de rejeição. Os argumentos estavam à mão: sua fé era diferente, tinham matado a Jesus, seus costumes cheiravam à heresia. Sua solidariedade de povo justificava a exclusão.

A Inquisição portuguesa fez-se primeiramente sobre os judeus, sem, contudo, perder de vista os aspectos relativos à defesa da fé. Fé, devocionismo, cultura, mentalidade, tudo se mistura e, assim, entra no julgamento do Santo Tribunal. Nada do que dizia respeito ao homem se lhe escapava.

A presunção da verdade no tocante à fé e aos costumes, os meios de que se valeu para debelar o erro, o poder de manipulação da massa, fizeram dela um Estado dentro do Estado. Sua burocracia era enorme. Do inquisidor aos serviçais, havia um espectro muito grande de funcionários. Um, em especial, nos chama hoje a atenção: o *familiar*. Sua função era espiar, prender, denunciar, informar. Todos se sentiam vigiados por todos, o tempo todo.

Quanto aos procedimentos inquisitoriais, qualquer um podia acusar, garantido seu anonimato. Havia mesmo apreço por quem denunciasse. O acusado não sabia quem era o acusador, de que o acusavam, onde e quando praticara o delito. Não podia escolher advogado, pois isto era atribuição da Inquisição. O advogado não tinha acesso aos autos. As penas variavam de penalidades espirituais a multas, prisão temporária ou perpétua, confisco de bens, degredo, morte. As sentenças eram públicas e, conforme o caso, se davam em praça pública, com a presença do rei e de sua corte.

Entre 1543 e 1684, Portugal presenciou 19.247 condenações e 1.379 fogueiras, além de centenas ou milhares de acusados que morriam na prisão, aguardando sentença.

Com Pombal (1769), quando a sociedade começa a se compreender não mais religiosamente, a Inquisição passa às mãos do Estado, tornando-se um tribunal laico, ainda que os procedimentos continuem os mesmos.

O Brasil não teve tribunal. A Inquisição se pôs presente aqui, no ano de 1591, na forma de visitação, com a chegada do Visitador Heitor Furtado de Mendonça. Visitou ele Pernambuco e a Bahia, ouvindo confissões e denunciações. Não eram apenas as práticas judaizantes de cristãos-novos que emergiam das confissões e denunciações, mas também os pecados de toda sorte. A leitura dos processos permite imaginar a mentalidade vigente na sociedade colonial que, entre crenças de longa tradição e situações prementes da nova situação, constrói paulatinamente a cultura brasileira.

Neste sentido, o estudo da Inquisição no Brasil se torna elemento de inestimável valor para o entendimento do processo da cultura brasileira. Ronaldo Vainfas organizou a publicação das *Confissões da Bahia* (Companhia das Letras, 1997), de fácil acesso ao leitor interessado. A mesma editora lançou, de Francisco Bethencourt, a *História das Inquisições* (2000). António José Saraiva publicou, pela Editorial Estampa (Lisboa, 1985), *Inquisição e Cristãos-novos*.

A Companhia de Jesus

Fundada em 1534 e aprovada por Roma em 1540, a Companhia de Jesus – Inácio de Loyola à frente – se propunha ser um instrumento nas mãos do Papa para a reforma da Igreja. A Companhia de Jesus se pôs como campo de trabalho o mundo. O apostolado era seu objetivo. Trabalhar pela própria santificação e salvação se realizaria no trabalho pela santificação e salvação dos outros. No mundo da Igreja, isto foi uma novidade à época. As tradicionais ordens religiosas priorizavam o silêncio do mosteiro, a contemplação, a oração comunitária.

A Companhia de Jesus surgira, no entanto, num momento de grandes transformações sociais, destacando-se, entre elas, as descobertas, que pareciam alargar o mundo ao infinito, a intensificação do comércio internacional, a formação dos Estados nacionais, o sentimento generalizado de que se podia contestar a tradição, a afirmação de novos caminhos para Deus.

Neste sentido, a Igreja Católica sentiu a necessidade de se purificar, fazendo reformas institucionais e se voltando mais para o espiritual. Por outro lado, o imperativo de renovação levou à Reforma Protestante, nos seus diversos matizes. Para a Igreja Católica, o protestantismo era desvio da verdade e tinha que ser extirpado, porque feria a unidade da comunidade. A Companhia foi fundada para dar suporte institucional às reformas que visavam à renovação da Igreja e, como conseqüência, iria combater a heresia. Muitos livros afirmam que ela foi fundada para combater o protestantismo, não entendendo o contexto social da época.

Quis ser "companhia", isto é, uma força militar, cujas armas seriam a santidade e a ciência. Por isto, seus sócios estariam voltados para a própria salvação e para o apostolado. A Companhia de Jesus, destinada a ser para o mundo, não tinha reservas quanto a campos de trabalho: fosse na igreja, fosse na corte, fosse no colégio, onde fosse, estaria realizando a santificação do mundo e a salvação das almas.

A santidade própria e do outro eram, com efeito, um objetivo que perpassava toda e qualquer atividade a que se dedicassem seus membros. As atividades principais a que se entregou a Companhia foram as missões em terras estrangeiras e os colégios.

Diferentemente, pois, das ordens tradicionais, que professavam três votos – pobreza, castidade e obediência – acrescentou um quarto, o da obediência total ao Papa. Enfatizou-se a obediência, à moda militar, porque era uma batalha que se urgia contra os vícios instalados na própria Igreja e contra a heresia que aflorava, desafiante. Havia necessidade de soldados disciplinados, bem dotados e dispostos. A Companhia exigia, na formação de seus membros, a entrega – pela vontade, pelo entendimento e pela execução – às ordens do superior. Esta seria a marca de sua espiritualidade.

Nos primeiros tempos atribuiu-se pejorativamente o nome "jesuíta" aos membros da Companhia. O nome ficou: jesuíta era "o de Jesus". A Companhia cresceu rapidamente, o que demonstra sua adequação aos tempos. Por ocasião da morte de Santo Inácio, em 1556, tinha aproximadamente quinze mil membros.

Portugal foi a primeira província jesuítica. Seu primeiro provincial foi o Pe. Mestre Simão Rodrigues, companheiro de Inácio na fundação. Ele foi quem mandou para o Brasil, por vontade de D. João III, o Padre Manuel da Nóbrega e cinco companheiros, em 1549. No Regimento de Tomé de Souza o rei afirma: "A principal coisa que me moveu a mandar povoar as ditas terras do Brasil foi para que a gente dela se convertesse à nossa santa fé católica". Para isto foram mandados os jesuítas.

A missão da Companhia de Jesus no Brasil deve ser vista à luz da organização social portuguesa quinhentista. Como sociedade sagrada, hierarquicamente cimentada, tudo que nela se operasse deveria expressar a relação com Deus. Envolvidos com mil tipos de atividades, os homens nem sempre permitiam que prevalecesse a finalidade principal e sim interesses mais palpáveis, como os interesses mercantis. Foi neste contexto que os jesuítas cumpriram sua missão.

A presença jesuítica no Brasil deve ser analisada primeiramente como estabelecimento de uma espiritualidade reformada, nos moldes propostos pelo Concílio de Trento (1545-1563). Em segundo lugar, como fortalecimento da cultura portuguesa de corte, no embate com as novidades da Terra. Em terceiro lugar, como catequese dos índios, simultaneamente instrumento de imposição cultural.

Quando se escreve sobre os jesuítas no Brasil, dois são os pontos que se destacam. Primeiramente, suas atividades junto aos índios, quer na pacificação, quer no aldeamento, quer no envolvimento deles com as causas portuguesas, mormente as lutas contra as invasões. Em segundo lugar, a fundação dos colégios e influência decisiva na tradição escolar brasileira. Mas seu papel no registro das novidades da terra, no estudo da farmacologia indígena, na análise das técnicas de produção aliadas às posições sociais dos atores, nas descrições antropológicas do nativo, na elaboração da gramática da língua indígena, para não falar de sua influência no governo, não pode ser deixado de lado. A história da Companhia de Jesus no Brasil é muito da história do Brasil.

Seu crescimento, no entanto, no Brasil e no mundo, levou-a a contradições, fosse porque tornara-se uma força grande demais quer dentro quer fora da Igreja, fosse porque a experiência social se fizera outra, exigindo comportamentos diferentes. Sua ligação à sociedade mercantil tradicional os impedia, naturalmente, de sentir a nova face do capitalismo, marcada pela industrialização.

Na segunda metade do século XVIII, a Companhia de Jesus foi sendo banida nos diversos países onde se achava instalada. Em Portugal isto se deu em 1759, no reinado de D. José I, sendo primeiro-ministro o marquês de Pombal. O fechamento da Ordem culminou com decisão papal, em 1773. Ressurgiria, no entanto, em 1814, com igual espírito e igual disciplina.

Os Exercícios Espirituais

Muitos conhecem os *Exercícios Espirituais* como sendo o retiro espiritual de quarenta dias, que os jesuítas, imitando Jesus no deserto, praticam desde o tempo do noviciado. Os *Exercícios Espirituais*, no entanto, mais do que um livro de retiro escrito por Santo Inácio, são um roteiro de espiritualidade. A Companhia de Jesus carregou consigo, desde a fundação, o carisma da reforma integral, a saber, da consciência e das instituições. A formação dos seus membros devia infundir-lhes esse carisma, garantindo os objetivos. Todo jesuíta devia ser um jesuíta acabado, impassível diante da tentação do imperfeito, militante da nova Igreja reformada. Fosse ele quem fosse – Inácio, Simão Rodrigues, Francisco Xavier, Nóbrega, Anchieta, Vieira – devia resumir em sua pessoa a missão de toda a Companhia.

Para isto o fundador escreveu os *Exercícios Espirituais*. Inácio os escreveu ainda no seu próprio processo de "conversão". Os *Exercícios* são um roteiro de conversão, o homem dobrando sua própria vontade e conformando-a com a vontade de Deus. Num primeiro momento, o homem deve reformar o que pelo pecado deformou. Depois, assumir a forma do divino modelo, Jesus. Confirmar o que assim foi conformado. Transformar pelo amor as resoluções já confirmadas.

Trata-se de uma disciplina interior, que busca tirar as afeições desordenadas, buscar a vontade de Deus e pôr em ordem a própria vida. O pecado tem que ser evitado. O prazer, desprezado. O homem deve aprender a mortificação, morrendo para aquilo que, aos olhos da maioria, seria o desejável. Assim preparado, pode participar com Jesus da conquista dos homens para seu reino. Esta imagem era, então, muito concreta. Os reinos eram experiência de todos: centralidade na pessoa do rei, poder absoluto, hierarquia, serviço.

A espiritualidade inaciana é ativa e militante. Trabalha os sentidos, que são a porta de entrada dos desejos, algo a ser dominado. Disciplina a vontade – sendo a obediência a melhor expressão disto – e propõe o terreno como lugar do espiritual. Longe de excluir o terreno, a espiritualidade inaciana supõe o jesuíta vivendo no mundo. É precisamente aí que ele será instrumento da implantação do reino de Jesus.

Entende-se bem a disciplina dos *Exercícios* se contextualizada. Mais do que a experiência de conversão de Inácio, o que explica os *Exercícios* e sua vigência é a prática de reforma interna e externa que a Igreja estava executando no século XVI. Não bastavam reformas legais. Era preciso que os homens se convertessem de fato. Havia que se ter rigidez, constância, profundidade, entrega.

Os *Exercícios Espirituais* têm sido, desde o século XVI, o grande guia da renovação interior em comunhão com Deus. Têm sido desde então a base da formação do clero, conformando-o à proposta de uma Igreja projetada como mediadora da presença divina, não poluída pela ambição estritamente temporal e material.

BIBLIOGRAFIA

AZEVEDO, J.L. *História de Antônio Vieira*. Lisboa: Livraria Clássica, 1918-1921.

BARROS, A. *Vida do Padre Antônio Vieira*. Lisboa: J. M. C. Seabra & T. Q. Antunes, 1858.

BESSELAAR, J. *Antônio Vieira: o homem, a obra, as idéias*. Lisboa: Instituto de Cultura e Língua Portuguesa, 1981.

BRESCIANI, C. *Um encontro com Vieira*. Salvador: Comissão do 3º Centenário da Morte do Padre Antônio Vieira, 1997.

CIDADE, H. *Padre Antônio Vieira*. Lisboa: Presença, 1985.

LEITE, S. *História da Companhia de Jesus no Brasil*. Rio de Janeiro: INL/Lisboa: Livraria Portugália, 1943 t. IV, 1949 t. VII.

LINS, I. *Aspectos do Padre Antônio Vieira*. Rio de Janeiro: Livraria São José, 1962.

MARQUES, A.H.Oliveira. *A sociedade medieval portuguesa*. Lisboa: Sá da Costa, 1969.

MENDES, M.V. *A oratória barroca de Vieira*. Lisboa: Caminho, 1989.

MUHANA, A. *Os autos do processo de Vieira na Inquisição*. São Paulo: Ed. Unesp/Salvador: Fundação Cultural do Estado da Bahia, 1995.

PALACÍN, L. *Vieira e a visão trágica do Barroco*: quatro estudos sobre a consciência possível. São Paulo: Hucitec, 1986.

PÉCORA, A. *Teatro do sacramento:* a unidade teológico-retórico-política dos *Sermões* de Antônio Vieira. São Paulo: Edusp/Campinas: Ed. Unicamp, 1994.

SARAIVA, A. J. *O discurso engenhoso:* ensaios sobre Vieira. Lisboa: Gradiva, 1996.